Ein Fest im Süden

Einfache mediterrane
vegetarische Gerichte

Erin Gleeson

Taormina, Sizilien

KNESEBECK

Titel der Originalausgabe: *The Forest Feast Travels. Simple Vegetarian Recipes Inspired by the Mediterranean*
Erschienen bei Abrams, ein Imprint von ABRAMS, New York 2019
Text Copyright © 2019 Erin Gleeson
Illustration und Fotografien Copyright © 2019 Erin Gleeson,
mit Ausnahme von:
S. 216 (rechts unten) und S. 245 (zweite Reihe, zweites Bild von links):
Meckenzie Behr
S. 218 (oben rechts): Ryan Gleeson
S. 14: Ethan Prosnit
S. 17 von Jim Prosnit
S. 5, 8, 46, 48 (oben rechts), 49, 66, 166, 192 (unten rechts), 234, 245 (obere Reihe, drittes Bild von links; unten links), 247: Jodie Porges
S. 45, 64, 65 (unten rechts), 110 (oben rechts), 114, 115 (unten rechts), 134, 167, 219, 239 (oben links), 241 (unten links), 245 (unten rechts): Jonathan Prosnit
Die Fotos auf den Seiten 34 und 71 sind in der regulierten Zone des Parks Güell aufgenommen mit Genehmigung des Barcelona Serveis Municipals, SA und der Stadtverwaltung Barcelona.

Lektorat der Originalausgabe: Laura Dozier
Designer: Erin Gleeson

Deutsche Erstausgabe
Copyright © 2019 von dem Knesebeck GmbH & Co. Verlag KG, München
Ein Unternehmen der La Martinière Groupe
2. Auflage 2019

Projektleitung: Veronika Brandt, Knesebeck Verlag
Übersetzung: Barbara Holle, München
Lektorat: Monika Judä, München
Umschlagadaption: Yannick Wolff, Knesebeck Verlag
Satz: satz & repro Grieb, München
Produktion und Herstellung: Arnold & Domnick, Leipzig
Druck: PNB Print Ltd
Printed in Latvia

ISBN 978-3-95728-281-1

www.knesebeck-verlag.de

Für meine liebsten Reisebegleiter
Ezra, Jonathan & Max

Praia da Luz, Portugal

Castelbuono, Sizilien
Rechts: Cinque Terre, Italien

Riomaggiore, Italien

Inhalt

Manarola, Italien

Bar Davi, Monterosso al Mare, Italien

Einführung

Im Herbst 2017 brach ich mit meiner Familie zu einer Reise durch Spanien, Italien, Frankreich und Portugal auf. Verreisen zu können ist an sich schon ein Privileg, aber eine dreimonatige Auszeit für einen Europatrip war einfach ein Traum. Mein Mann Jonathan hatte ein Sabbatical genommen, und ich bin als Künstlerin und Autorin in der glücklichen Lage, flexibel zu sein. Und da unsere Kinder noch nicht zur Schule gehen, war dies für uns der ideale Zeitpunkt für eine längere Reise.

Der Hauptgrund, warum wir uns gerade für diese Länder entschieden haben, war, dass ich nach Rezepten für ein mediterranes Kochbuch suchen wollte, das ich plante. Zwar sind die Gerichte in meinen früheren Kochbüchern stark von der kalifornischen Küche geprägt, doch könnte man meine Art zu kochen als mediterran bezeichnen. Ich wollte allerdings noch mehr darüber erfahren und die regionale Küche – angefangen bei den Tapas aus Barcelona bis hin zum Genueser Pesto – aus erster Hand kennenlernen.

Im Laufe unserer Reise besuchten wir zahllose Restaurants und Märkte und ich machte unzählige Fotos – von meinen Notizen ganz zu schweigen. Wieder zu Hause, begann ich eigene vegetarische Versionen der Gerichte zu kreieren, die wir auf der Reise genossen haben. Die besten dieser Rezepte habe ich in diesem Buch zusammengestellt. Zwar sind die Rezepte auf den folgenden Seiten nicht unbedingt authentisch, aber dennoch – auch im Hinblick auf die Zutaten – von der Küche der jeweiligen Region geprägt.

Ich war 25, als ich Jonathan kennenlernte, und schon wenige Monate später gingen wir gemeinsam auf eine große Reise durch Mittelamerika. Da wir uns dabei gut ergänzten und verstanden, ist das Reisen bis heute unsere große Leidenschaft. Aufgrund der langen Zeitspanne, die uns diesmal zur Verfügung stand, bot sich uns bei dieser Fahrt die einmalige Gelegenheit, in einen Lebensstil einzutauchen, der so ganz anders ist als unser tägliches Leben, und uns davon auch für unser eigenes künftiges Leben inspirieren zu lassen. Es ist kaum zu glauben, dass wir vor Jahren von New York City in die kalifornischen Wälder gezogen sind, und in mancher Hinsicht vermissen wir das Leben in der Stadt. Wir vermissen es, überall zu Fuß hingehen zu können, wir vermissen die öffentlichen Verkehrsmittel und das vielfältige kulturelle Leben. Für meine Arbeit war das zauberhafte Licht im Wald vor dem Holzhaus, in dem wir leben, zwar eine wundervolle Inspiration, die mir geholfen hat, drei Bücher zu schreiben, doch nun war ich bereit für neue Eindrücke.

Ich bin ein großer Fan der Tapas-Kultur, die einem bei einer einzigen Mahlzeit so viele unterschiedliche Geschmackserlebnisse beschert. Deshalb lag es nahe, Spanien zum Ausgangspunkt unserer Reise zu machen. Dass Jonathan Spanisch spricht, war ein zusätzlicher Pluspunkt. Ich selbst habe ein Jahr in Italien studiert und wollte das Land gerne wiedersehen (vor allem wegen des »Gelato« und der Pasta). Ich bin damals zwar viel durch Italien gereist, war aber nur selten in Sizilien. Deshalb nahmen wir die Insel mit in unsere Reiseroute auf, und ich musste meine mittlerweile verschütteten Italienischkenntnisse wieder hervorkramen. Natürlich konnten wir auf der Fahrt nach Italien Frankreich und die wundervolle Côte d'Azur nicht links liegen lassen, und so verbrachten wir auch eine Woche in Antibes. Portugal schließlich stand schon seit Jahren auf unserer Wunschliste. Deshalb verbrachten wir dort fast einen Monat. So bereisten wir in drei Monaten sage und schreibe vier Länder (wenn man die kurze Fahrt durch Monaco mitrechnet, waren es sogar fünf), flogen sechs Mal mit dem Flugzeug, mieteten vier Autos, fuhren unzählige Male mit dem Zug und übernachteten in elf verschiedenen Apartments bzw. Häusern. Anfangs war ich von dem ständigen Umziehen nicht so begeistert, doch rückblickend möchte ich keine unserer Stationen missen.

Auch über das Reisen mit Kindern lernten wir auf dieser Reise eine Menge. Bei unserer Abreise war Max neun Monate und Ezra drei Jahre alt. Wir packten all unsere Habseligkeiten in zwei Rollkoffer und zwei Rucksäcke. Doch so einfach, wie sich das anhört, war das durchaus nicht, denn wir mussten auch noch einen Reisehochstuhl, zwei Kindersitze fürs Auto, ein Reisekinderbett und einen Buggy mitnehmen. Und das alles wollte, samt Baby, vom Flugzeug bis zum Taxi getragen werden … Wenn man mit kleinen Kindern reist, die noch einen Mittagsschlaf brauchen, verändert sich natürlich auch der eigene Tagesablauf. Denn verzichteten wir auf den Mittagsschlaf, mussten wir das büßen. Also organisierten wir unser Reiseprogramm entsprechend und unternahmen Besichtigungen und Ähnliches vor allem am Vormittag und kehrten nachmittags für die »Siesta« in unsere Unterkunft zurück. In vielen Orten hatten die Geschäfte über Mittag ohnehin geschlossen, daher war das für uns auch kein allzu großes Problem.

Weil unsere Kinder abends bereits ins Bett mussten, bevor die Restaurants öffneten, gingen wir in der Regel mittags essen. Wir richteten es so ein, dass wir genau zur Öffnung im Restaurant ankamen. Dann waren noch weniger Gäste da, die wir hätten stören können, und man bekam auch leichter einen Tisch im Freien, wo die Kinder mehr Platz zum Spielen hatten. Das Reisen mit Kindern fühlt sich zwar nicht immer wie Urlaub an, doch selbst Kleinigkeiten wie ein Glas Wein zum Mittagessen können da bereits für Entspannung und gute Stimmung, sprich für südeuropäisches Flair, sorgen. Normalerweise dosieren wir die Fernseh- und Computerzeiten sehr sorgfältig, doch wenn unser Jüngster einen Wutanfall hatte, zögerten wir nicht, ihn mit dem Smartphone abzulenken, wenn wir in einem schönen Restaurant oder im Museum waren. Alles in allem erwiesen sich unsere Kinder jedoch als recht anpassungsfähig, und zu beobachten, mit welch neugierigen Augen sie auf jeden neuen Ort reagierten, war ein zusätzliches Vergnügen. Sollten Sie also noch unschlüssig sein, ob Sie mit Ihren Kindern auf eine lange Reise gehen sollten, können wir Ihnen nur raten: Tun Sie es!

Wir haben auf unserer Reise viele wunderbare Augenblicke erlebt, doch fragt man uns, wo es uns am besten gefallen hat, nennen wir meist Barcelona. Die Stadt, in die wir uns regelrecht verliebt haben, war unsere erste Station, und wir verbrachten dort einen ganzen Monat. Wäre sie etwas familienfreundlicher, könnten wir uns sogar vorstellen, dort zu leben. Unser Apartment befand sich an der Grenze zwischen dem Sant-Antoni- und dem Eixample-Viertel. Trotz der zentralen Lage war die Gegend nicht von Touristen überlaufen, und in unmittelbarer Nähe befand sich sogar eine U-Bahn-Station. Gerade zu Beginn der Reise war es sehr angenehm, längere Zeit an einem Ort verweilen zu können. So konnten wir uns besser an die Zeitverschiebung gewöhnen und unseren Alltag fern von zu Hause einrichten. Es war Oktober, das Wetter war herrlich und abends war es noch warm. Jeden Morgen zogen wir mit unserem Zwillingsbuggy los, um die Stadt zu Fuß zu erkunden. Die Abende verbrachten wir meist in unserem Viertel, besuchten die verschiedenen Plazas, aßen dort Tapas und nahmen einen Drink, während Ezra auf dem Spielplatz spielte. In Barcelona gibt es vor fast jedem Spielplatz ein Café mit Plätzen im Freien. Eine tolle Sache! (Warum gibt es das eigentlich nicht in den USA nicht?)

Auf Reisen vegetarische Speisen zu bestellen, kann mitunter frustrierend sein. In Barcelona bestellten wir uns jeden Abend Patatas bravas (siehe Seite 116), die spanische - und weitaus bessere - Variante der Pommes frites. Unsere Kinder ernährten sich fast ausschließlich davon und von Tortilla Española (siehe Seite 156). Doch auch wenn das recht eintönig war, habe ich eine Menge gelernt. Es war toll zu beobachten, dass man Eier hier nicht nur zum Frühstück servierte, und wie unterschiedlich sie zubereitet wurden. Auf den Märkten wurden häufig interessante Variationen traditioneller Gerichte angeboten, etwa eine vegetarische Paella (siehe Seite 118), die wir auf dem Mercat de la Boqueria in Barcelona entdeckten. Es gab kleine Stände mit großartigem vegetarischem Streetfood, wie z. B. die Socca (Pfannkuchen aus Kichererbsenmehl; siehe Seite 160) in Südfrankreich oder die Panisette (»Pommes frites« aus Kichererbsen), die jenseits der Grenze in Italien angeboten wurden.

Auf Reisen bin ich immer in einem Zwiespalt. Einerseits möchte ich die traditionellen fleischlosen Spezialitäten probieren, andererseits habe ich aber das Gefühl, mir würde etwas entgehen, wenn ich auf die Fleischgerichte verzichte. Oft denke ich auch, dass ich die heimische Küche nicht richtig kennenlerne, wenn ich nur die neuen, angesagten vegetarischen Restaurants besuche. Deshalb haben wir an Orten, an denen wir länger verweilten, mal ein trendiges, nichttraditionelles und mal ein traditionelles Restaurant ausgewählt. Waren wir dagegen nur ein paar Tage in einer Stadt, habe ich versucht, mich ausschließlich an die Klassiker zu halten, auch wenn dies mitunter bedeutete, dass sich meine Mahlzeiten auf irgendeine Form von Kartoffeln und Eiern beschränkten. Außerdem habe ich die Speisekarten aufmerksam studiert und die Kellner nach den jeweiligen lokalen Spezialitäten gefragt, um mir Anregungen zu holen, wie ich später zu Hause aus einem Fleischgericht ein vegetarisches Gericht machen könnte.

Hin und wieder haben wir auch einmal das eine oder andere ausgefallene Gericht probiert, und ich habe diese modernen Adaptionen traditioneller Speisen sehr genossen, denn auch sie wurden mit regionalen Zutaten hergestellt. In Spanien isst man relativ spät zu Abend, deshalb haben wir gelegentlich einen Babysitter engagiert, um ausgehen zu können. Die Gegend, in der wir in Barcelona wohnten, war ein kulinarisches Zentrum mit vielen interessanten Restaurants und Cocktailbars, darunter auch einige Sternerestaurants, die von ehemaligen Mitarbeitern des berühmten (inzwischen geschlossenen) El Bulli geführt werden. Dazu zählt etwa das Hoja Santa. Was mich an diesem mexikanischen Restaurant interessierte, war die Frage, wie es die spanischen Köche schaffen, Gerichte aus einer anderen Kultur mit spanischen Zutaten zuzubereiten. Und das ist ihnen, wie ich fand, hinsichtlich Geschmack und

Präsentation auf sehr kreative Weise gelungen. Granitas wurden dort in ausgehöhlten Eichelkürbissen, Suppen in Avocadoschalen serviert, und ein einzelnes Stück Schokolade kam auf einem wunderschönen Blatt daher. Da Farben und Präsentation auch in meiner Küche eine große Rolle spielen, konnte ich viele neue Ideen mit nach Hause nehmen.

Von Barcelona aus unternahmen wir mehrere Tagesausflüge. So fuhren wir unter anderem mit dem Zug in die pittoreske antike Küstenstadt Sitges, wo wir im Meer badeten und über die von Palmen gesäumte Promenade (siehe Seite 134) schlenderten. Mit der Seilbahn fuhren wir auf den Berg Montserrat (siehe Seite 136) hinauf und besichtigten das Kloster Santa Maria de Montserrat. Wir schlenderten durch die kopfsteingepflasterten Straßen von Girona (siehe Seite 14), ein anderes Mal mieteten wir uns ein Auto, um uns die Küstenstädte an der Costa Brava anzusehen – eine fantastische Gegend, in der ich am liebsten gleich mehrere Wochen verbracht hätte und in die ich hoffentlich noch einmal zurückkehren werde.

Von Barcelona ging es in die idyllische französische Küstenstadt Antibes, wo wir eine Woche gemeinsam mit Jonathans Eltern verbrachten. Wir logierten dort in einem Haus in der Altstadt, das Teil der Befestigungsanlage war und in unmittelbarer Nähe des belebten Marktplatzes lag. Auf dem Markt, den wir täglich besuchten, konnte man selbst im November die herrlichsten Dinge kaufen. Ganz vorzüglich waren die Radieschen, die wir zu Hause zum Cocktail mit frischer französischer Butter genossen (siehe Seite 21), und zum Abendessen gingen wir in die Restaurants der Altstadt. Zu den Highlights unseres Frankreichaufenthalts zählten Tagesausflüge nach Èze und Saint-Paul-de-Vence (siehe Seite 16 und 17), zwei einmalig schöne Städte.

In Antibes zog es mich natürlich ganz besonders in das nur einige Blocks von unserer Unterkunft entfernte Picasso-Museum, das in einem schönen alten Gebäude am Meer untergebracht ist, in dem Picasso vor vielen Jahren einige Zeit gelebt und gearbeitet hat. Viele der Werke, die er in dieser Zeit schuf, sind dort ausgestellt. Ich male mir gerne aus, wie er dort, inspiriert von diesem neuen Ort, arbeitete, wie er die Speisen, die er aß, malte und den Blick auf das Meer, den auch ich genoss. Orte haben in der Entwicklung meiner Kunst immer eine wichtige Rolle gespielt. Als wir New York verließen und in die Wälder zogen, hat sich meine künstlerische Arbeit in eine neue Richtung entwickelt, denn ich begann, Speisen auf umgestürzten Bäumen und Mooskissen zu fotografieren. Die Reise ans Mittelmeer hat mich dazu inspiriert, verstärkt Blautöne einzusetzen und Muster wie die der gefliesten Häuser zu integrieren, die mich in Lissabon so fasziniert haben.

Von Frankreich fuhren wir mit der Bahn nach Italien – diese Fahrt am Meer entlang war einfach wundervoll. Dort machten wir in Genua und in den an der ligurischen Küste gelegenen Cinque Terre Station. Die Grundlage für die reiche kulinarische Tradition dieser Gegend bilden die regionalen Zutaten, die auf terrassierten Hügeln über dem Meer angebaut werden. Speisen wie die Focaccia, die Salsa di noci (Walnusssauce; siehe Seite 23), das Pesto alla genovese (siehe Seite 170), aber auch der süße Sciacchetrà-Wein (siehe Seite 48) sind bereits Jahrhunderte alt und haben sich bis heute nicht nur in der Alltagsküche erhalten. Zwar gibt es auch in meiner Familie Rezepte, die von Generation zu Generation weitergegeben wurden, aber keines ist mehrere Hundert Jahre alt – wie wunderbar muss es sein, mit einer solchen kulinarischen Geschichte aufzuwachsen!

In den Cinque Terre machten wir eine Wanderung durch die terrassierten Weinberge (siehe Seite 49) und besuchten einen Pasta-Kochkurs bei einem Küchenchef aus der Gegend (siehe Seite 166). In Genua, wo ich eine der besten Holzofenpizzas meines Lebens gegessen habe, wohnten wir im historischen Viertel.

In Sizilien erwarteten uns herrliche, unberührte Landschaften. Wir logierten zuerst in einer Villa aus dem 18. Jahrhundert in der Nähe von Catania und später in einem Apartment mit Meeresblick in Cefalù. Die schmalen Bergstraßen und die sehr, sehr engen Straßen in der Stadt machten das Autofahren zu keinem ganz leichten Unterfangen. Doch so hatten wir die Möglichkeit, die Orte und die Landschaft zwischen den großen Städten wirklich kennenzulernen. Besonders inspirierend fand ich die Farben und die Vielfalt. Auf dem Weg zum Ätna (siehe Seite 226) kamen wir an Orangen- und Zitronenplantagen, Olivenhainen, Weinbergen, in voller Blüte stehenden Bougainvillea-Sträuchern und riesigen Kakteen voller pinkfarbener Drachenfrüchte vorbei. Als wir wieder zurück in Cefalù waren, begann ich, das alles zu malen. Viele dieser Bilder finden Sie in diesem Buch. Die Gegend ist bekannt für ihren Honig und ihre Pistazien, beides haben wir auf dem Weg natürlich auch probiert. Wir hielten am Straßenrand an, um Wasser zu kaufen, und stießen dabei auf einen Weinkeller, in dem man sich Wasserflaschen mit dem heimischen Wein füllen lassen konnte (siehe Seite 245, untere Reihe, zweites Bild von rechts). Wir haben am Meer gegessen, besuchten einen Bauernhof (siehe Seite 196) und haben im Dezember im Meer gebadet.

Von Sizilien aus flogen wir nach Lissabon. Die urbane Landschaft ist atemberaubend bunt und schön. An den Abenden gingen wir oft auf den Markt, um Oliven, Brot, Käse und eine Flasche Vinho Verde (ein junger, leicht moussierender Weißwein) für unser Abendessen zu kaufen. Meine Eltern und mein Bruder besuchten uns dort für eine Woche und es machte großen Spaß, die Stadt gemeinsam mit ihnen zu erkunden.

Von Lissabon aus fuhren wir Richtung Süden an die Algarve. Wir blieben eine Woche in Lagos, und weil es uns dort so gut gefallen hat, beschlossen wir, noch eine Woche in Praia da Luz zu verbringen. Außerhalb der Saison kann man problemlos kurzfristig noch ein Apartment buchen, außerdem sind die Orte dann nicht so überlaufen. Wir besuchten jeden Tag einen anderen Küstenort oder Strand, und das Wetter war herrlich. In der Nähe von Faro nahmen wir an einer Olivenölverkostung teil (siehe Seite 114), in Sagres genossen wir unser Mittagessen am Strand (siehe Seite 198) und in Aljezur sahen wir bei Sonnenuntergang den Surfern zu.

An Silvester kehrten wir nach Lissabon zurück und mieteten zusammen mit ein paar Freunden aus den USA ein großes Apartment im Belém-Viertel. Während die Kinder unten schliefen, begrüßten wir das Jahr 2018 auf dem Dach des am Tajo gelegenen Hauses mit Espumante (einem portugiesischen Schaumwein) und einem Feuerwerk. Ganz in der Nähe des Hauses befand sich die berühmte Bäckerei Pastéis de Belém, in der das gleichnamige Blätterteiggebäck mit Puddingfüllung hergestellt wird (da lohnt sich das Schlangestehen!).

Die letzte Station unserer Reise war Madrid, wo man gerade die Día de los Reyes (den Dreikönigstag) mit dem traditionellen Dreikönigskuchen und einer großen Parade feierte. Obwohl wir es bedauerten, dass unsere Reise nun zu Ende ging, zog es mich doch auch wieder nach Hause.

Nach unserer Rückkehr fühlte ich irgendwie alles ein bisschen anders an. Für unsere kleine Familie war diese Reise ein einzigartiges Erlebnis. Rund um die Uhr auf engstem Raum zusammen zu sein war weit entfernt von unserem normalen Alltag mit Büro, Atelier und Vorschule. Auch wenn es schwierige Momente gab, ist unsere Beziehung als Paar dadurch noch enger geworden, und es war etwas ganz Besonderes, in diesem entzückenden Alter, in dem die Kinder so wichtige Entwicklungsschritte machen, so viel Zeit mit ihnen verbringen zu können. Die Jungs waren leider noch so klein, dass sie sich später vermutlich nicht mehr an diese Reise erinnern werden, aber ich denke, das eine oder andere wird ihnen doch im Gedächtnis bleiben. Ein paar Monate nach unserer Rückkehr sind wir zu einer Hochzeit nach Baltimore gereist. Als wir aus dem Flugzeug stiegen, fragte Ezra: »Welche Sprache sprechen die Leute hier?« Da mussten wir lächeln. Max feierte seinen ersten Geburtstag, als wir in Madrid waren, und zur gleichen Zeit fing er auch an zu sprechen. Zu Wasser sagt er noch immer »agua«. Mir wurde bewusst, dass wir die vielen Kleider, Spielsachen und den ganzen anderen Kram nicht wirklich brauchen. Es ging uns gut mit den beiden Rollkoffern, und das, was wir besaßen, hat dadurch an Wert gewonnen. Ich glaube, die Reise hat uns in unserer Philosophie, das Leben über materielle Dinge zu stellen, bestärkt. Sollte sich also die Gelegenheit bieten, ein neues Reiseziel zu erkunden, werden wir alles dafür tun, dies in die Tat umzusetzen.

Reisen verändert den Menschen. Hat man seine Komfortzone erst einmal verlassen und ist in eine andere Kultur und Lebensweise eingetaucht, wird man offener. Und diese Offenheit nimmt man dann mit nach Hause – zumindest war das bei mir so.

Ich habe nur wenige Souvenirs gekauft, aber ich bin mit neuen Ideen und Rezepten nach Hause gekommen und sehe mein Leben dort mit anderen Augen. Außerdem habe ich gelernt, wie wichtig es ist, zu entschleunigen, die Mahlzeiten zu genießen. In Barcelona hat niemand seinen Kaffee im Gehen getrunken, sondern man hat sich zum Kaffeetrinken jeden Morgen zu anderen Menschen an die Bar gesetzt. Das Lokal, in dem wir in Genua so gerne zu Mittag gegessen haben, war brechend voll, und es waren lauter Einheimische, die dort in der Mitte ihres Arbeitstags eine gute Mahlzeit genossen haben. In allen von uns besuchten Ländern ist das gemeinsame Essen, bei dem man nicht nur die Speisen, sondern auch die Gespräche in entspannter Atmosphäre genießt, ein wichtiger Teil der Kultur. Deshalb hoffe ich, mit diesem Buch etwas von diesem Zauber in mein Zuhause bringen zu können und uns alle dazu zu animieren, diese kleine Auszeit zu nutzen, um gemeinsam mit anderen ein gutes Gericht zu genießen – wo immer auf der Welt es sein mag.

Glückliche Reise!

Erin

Tipps für den Gebrauch dieses Buches

DIE REZEPTE SIND FÜR 4–6 PERSONEN,

sofern nichts anderes angegeben ist.

MASSE & GEWICHTE

EL   Esslöffel
TL   Teelöffel
kg   Kilogramm
g   Gramm
cm   Zentimeter
mm   Millimeter
l   Liter
ml   Milliliter

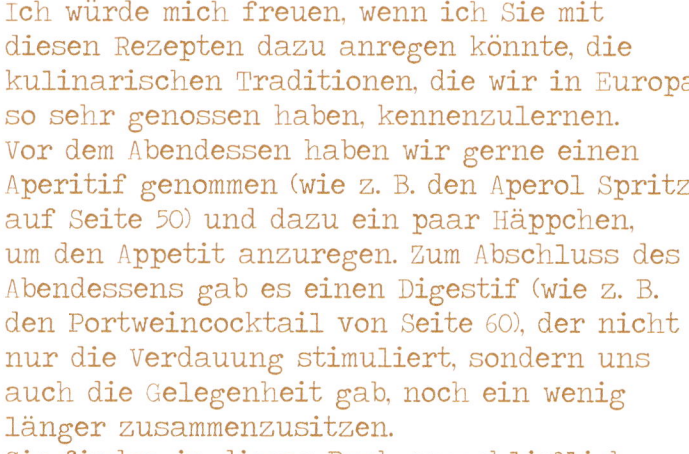

Ich würde mich freuen, wenn ich Sie mit diesen Rezepten dazu anregen könnte, die kulinarischen Traditionen, die wir in Europa so sehr genossen haben, kennenzulernen. Vor dem Abendessen haben wir gerne einen Aperitif genommen (wie z. B. den Aperol Spritz auf Seite 50) und dazu ein paar Häppchen, um den Appetit anzuregen. Zum Abschluss des Abendessens gab es einen Digestif (wie z. B. den Portweincocktail von Seite 60), der nicht nur die Verdauung stimuliert, sondern uns auch die Gelegenheit gab, noch ein wenig länger zusammenzusitzen.

Sie finden in diesem Buch ausschließlich kleine Gerichte und Beilagen, die man in netter Runde gemeinsam verzehrt, die Sie aber auch als Häppchen bei einer Cocktailparty oder auf einem Büfett servieren können. Was mir in Spanien besonders gefiel, waren die Tapas, die man den ganzen Tag über und sogar noch bis in die späte Nacht genießen kann.

SALZ

Zum Kochen verwende ich grobes Salz oder koscheres Salz und zum Bestreuen Maldon-Meersalzflocken.

Verwenden Sie nur Olivenöl bester Qualität.

Praia da Luz, Portugal

Girona, Spanien

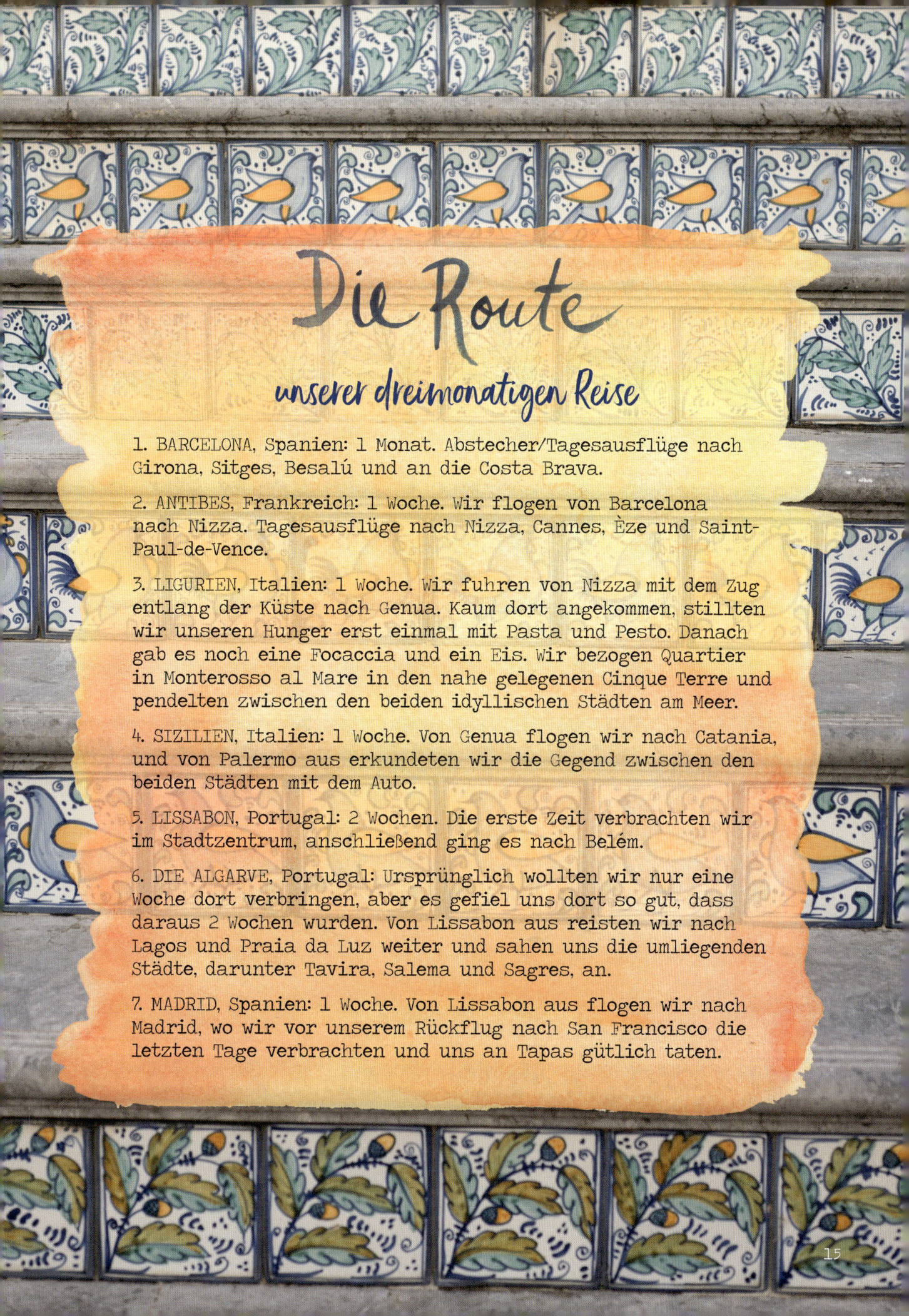

Die Route

unserer dreimonatigen Reise

1. BARCELONA, Spanien: 1 Monat. Abstecher/Tagesausflüge nach Girona, Sitges, Besalú und an die Costa Brava.

2. ANTIBES, Frankreich: 1 Woche. Wir flogen von Barcelona nach Nizza. Tagesausflüge nach Nizza, Cannes, Èze und Saint-Paul-de-Vence.

3. LIGURIEN, Italien: 1 Woche. Wir fuhren von Nizza mit dem Zug entlang der Küste nach Genua. Kaum dort angekommen, stillten wir unseren Hunger erst einmal mit Pasta und Pesto. Danach gab es noch eine Focaccia und ein Eis. Wir bezogen Quartier in Monterosso al Mare in den nahe gelegenen Cinque Terre und pendelten zwischen den beiden idyllischen Städten am Meer.

4. SIZILIEN, Italien: 1 Woche. Von Genua flogen wir nach Catania, und von Palermo aus erkundeten wir die Gegend zwischen den beiden Städten mit dem Auto.

5. LISSABON, Portugal: 2 Wochen. Die erste Zeit verbrachten wir im Stadtzentrum, anschließend ging es nach Belém.

6. DIE ALGARVE, Portugal: Ursprünglich wollten wir nur eine Woche dort verbringen, aber es gefiel uns dort so gut, dass daraus 2 Wochen wurden. Von Lissabon aus reisten wir nach Lagos und Praia da Luz weiter und sahen uns die umliegenden Städte, darunter Tavira, Salema und Sagres, an.

7. MADRID, Spanien: 1 Woche. Von Lissabon aus flogen wir nach Madrid, wo wir vor unserem Rückflug nach San Francisco die letzten Tage verbrachten und uns an Tapas gütlich taten.

Diese Seite und rechts:
Èze, Frankreich

Antibes, Frankreich

SNACKS

Die Qualität der landwirtschaft-
lichen Erzeugnisse in Frankreich
war umwerfend. In Antibes befand
sich der Markt direkt um die Ecke,
und wir kauften dort täglich den
besten Käse und ausgezeichnetes
Gemüse. Besonders lecker waren
diese Radieschen, die wir abends,
bevor wir essen gingen, mit Butter
zu einem Aperitif aßen.

Saucen etc.

CHILI-ÖL:

2 EL rote Chiliflocken mit 240 ml Olivenöl in eine Flasche füllen. Die Flasche gut verschließen und vorsichtig schütteln, bis die Zutaten vermischt sind. Das Öl etwa 3 Tage ruhen lassen, bis es sich rot gefärbt hat. Das Chili-Öl ist einige Wochen haltbar und wird mit der Zeit immer schärfer. Ich träufle es gerne über Pizzas und alle möglichen anderen Speisen. Man findet es sowohl in italienischen als auch in portugiesischen Restaurants.

BASILIKUMÖL:

180 ml Olivenöl im Mixer mit 10 g Basilikumblättern zu einer glatten Mischung verarbeiten. In Frankreich beträufelt man mit diesem Öl beispielsweise Oliven – einfach köstlich. Es eignet sich aber auch vorzüglich als Dip mit Brot, als Sandwichaufstrich oder zum Beträufeln von Salaten und Gemüse.

ZITRONENVINAIGRETTE MIT PARMESAN:

Den Saft von 1 Zitrone (etwa 2 EL), 80 ml Olivenöl, 2 EL fein geriebenen Parmesan & je 1 Prise Salz und Pfeffer mit dem Stabmixer verrühren. Die Vinaigrette in einem Schraubglas aufbewahren und vor dem Gebrauch umrühren oder das Glas schütteln. Ein Salatdressing mit angenehm säuerlicher Note – passend zu den vielen Zitronenbäumen, die überall in Italien wachsen.

ERBSENDIP MIT MINZE:

450 g Tiefkühlerbsen auftauen lassen und in der Küchenmaschine mit dem Saft von 1 Zitrone, 50 g Minze, 120 ml Olivenöl, 1 Knoblauchzehe und 1 Prise Salz zu einem cremigen Püree verrühren. Zu einer Rohkostplatte (siehe Seite 26), zu Brot oder Crackern servieren.

WALNUSSDIP/WALNUSSSAUCE:

In dem Kochkurs, den ich in Italien besuchte (siehe Seite 166), lernte ich, wie man die klassische ligurische Walnusssauce (Salsa di noci) zubereitet. Traditionell serviert man sie zwar als Pastasauce, ich esse sie aber auch gerne als Dip. Dazu 130 g Walnusskerne mit 3 EL Ricotta, 1 TL Zitronensaft, 1 EL frischen Majoranblättern, 1 Knoblauchzehe, 2 EL Olivenöl, 60 ml Wasser, Salz und Pfeffer pürieren. Eignet sich hervorragend als Dip zu einer Rohkostplatte (siehe Seite 26), oder Sie verdünnen die Sauce mit etwas Wasser, erhitzen sie und servieren sie als cremige Pastasauce.

ROMESCO-SAUCE:

Diese Sauce bekam ich im Gotischen Viertel in Barcelona zu herrlichem gegrilltem Gemüse serviert und war ganz hingerissen davon (siehe Seite 30). Sie hat einen pikanten, nussigen Geschmack und passt eigentlich zu allem. Für die Sauce 170 g geröstete rote Paprikaschoten aus dem Glas abtropfen lassen und im Mixer oder in der Küchenmaschine mit 1 gewürfelten Eiertomate, 35 g gerösteten Mandeln, 60 ml Olivenöl, 2 Knoblauchzehen, dem Saft von 1 Zitrone, 1 Scheibe altbackenem Landbrot (vorher in Stücke reißen), 1 Prise Paprikapulver, Salz und Pfeffer pürieren. Ich mag die Sauce am liebsten, wenn sie nicht zu glatt ist.

PISTAZIENPESTO:

In Italien besuchten wir Genua (das berühmt ist für sein Pesto) und Sizilien (das für seine Pistazien bekannt ist). Und das ist meine Hommage an beides: 80 g Basilikumblätter in der Küchenmaschine mit 2 gehackten Schalotten, 3 Knoblauchzehen, 30 g geriebenem Parmesan, 65 g geschälten und gerösteten Pistazien, der Schale von 1 Limette und 180 ml Olivenöl nicht zu fein pürieren. Schmeckt vorzüglich zur Pasta von Seite 168.

In allen Ländern, die wir bereisten, gab es zum Auftakt der Mahlzeiten häufig ein Schälchen mit Oliven, die in der Regel aus heimischem Anbau stammten und sehr frisch waren. Jedes Restaurant schien sie auf seine spezielle Weise zuzubereiten, so dass sie sich geschmacklich immer ein wenig unterschieden. In Lissabon servierte man sie uns mit Knoblauch – eine einfache, aber außerordentlich schmackhafte Kombination, die ich besonders gerne zum Cocktail aß. In Barcelona verfeinerte man sie mit Zitruszesten, Chili oder Kräutern. Und in einem französischen Restaurant hatte man sie mit selbst gemachtem Basilikumöl (Seite 22) beträufelt. In Portugal gab es sogar spezielle Schälchen dafür, mit einem kleinen Extrafach für die Olivensteine. Ich hatte das Glück, ein solches Schälchen (siehe rechts) in einem Laden in Sintra ergattern zu können. Ein Extraschälchen für die Steine tut es aber auch.

Angemachte Oliven

1 Kaufen Sie 225 g Oliven mit Stein (darauf sollten Sie unbedingt achten). Ob Sie nur eine Sorte nehmen oder verschiedene, bleibt Ihnen überlassen. Ich persönlich bevorzuge eine Mischung aus grünen und violetten Oliven.

2 Die Oliven in einer kleinen Schüssel mit 2 gehackten Knoblauchzehen und etwas Olivenöl vermischen. Etwas Orangenschale darüberreiben, das Ganze mit frischen Thymianblättchen bestreuen und zum Aperitif servieren.

Die maurische Festung von Sintra, Portugal

Rohkostplatte

Eine bunte Rohkostplatte eignet sich hervorragend als Auftakt, wenn Sie Gäste haben. In der Regel reicht man dazu einen Dip, Sie können aber auch Nüsse, Oliven, Früchte, Käse, Grissini oder Cracker dazu anbieten. Ich versuche immer, möglichst viele verschiedene »Mini-Gemüse« zu kombinieren, damit die Platte richtig schön bunt aussieht. Servieren Sie die Platte mit Ihrem Lieblingsdip oder Ihrem Lieblingsdressing. Wärmstens empfehlen kann ich Ihnen den Walnussdip von Seite 23.

1 Wassermelonenrettich mit der Mandoline in hauchdünne Scheiben geschnitten

¼ violetter Blumenkohl in Röschen zerteilt

2 Chicorée die gelben oder violetten äußeren Blätter abgelöst

4 Mini-Salatgurken mit Schale der Länge nach geviertelt

8 Babykarotten geschält und das Grün bis auf einen kleinen Rest abgeschnitten

145 g Kirschtomaten gelb und rot

12 Mini-Paprikaschoten gelb, orange und rot

Das Schälchen mit dem Dip in die Mitte einer großen Platte oder eines großen Küchenbretts stellen und das Gemüse rundherum nach Farben sortiert anrichten. Sehr gut eignen sich auch Radieschen, Paprikastreifen, Brokkoliröschen, Zuckerschoten, grüne Bohnen, Stangensellerie, Jícama (Yambohne), Spargel und hauchdünne Rote-Bete-Scheiben.

Geröstete Kirschtomaten & Mozzarella

Auf dem Markt im französischen Antibes (siehe Seite 18) gab es herrliche Rispen mit aromatischen Kirschtomaten, die mich zu diesem Rezept inspiriert haben.

2 Rispen **Kirschtomaten** (etwa 20 Tomaten) auf ein Backblech legen, mit Olivenöl beträufeln, mit Salz bestreuen und 15–20 Minuten im 190 °C heißen Backofen rösten, bis sie etwas aufgeplatzt, aber noch saftig sind.

Die Tomaten auf eine Platte legen. 125 g **frischen Mozzarella** in Stücke reißen und daneben anrichten. Das Ganze mit Kapern, abgeriebener Zitronenschale, Salzflocken und schwarzem Pfeffer bestreuen & mit reichlich Olivenöl beträufeln.

Servieren Sie dazu im Ofen oder in der Pfanne geröstetes **Sauerteigbrot,** das vor dem Rösten mit Olivenöl bepinselt wurde.

PINTXOS

In besonderer Erinnerung ist mir ein amüsanter Abend in Barcelona geblieben, an dem wir durch die Pintxos-Bars gezogen sind. Pintxos (so der baskische Name) oder Pinchos (wie sie auf Spanisch heißen) sind kleine Appetithappen, in denen lange Zahnstocher stecken. Unser Favorit war die in der Nähe von El Poble-sec gelegene Bar La Tasqueta de Blai. Auf dem Tresen der gut besuchten Bar reihte sich ein Tablett mit Pintxos an das andere. Man nimmt sich ein solches Häppchen und kehrt wieder an seinen Tisch zurück. Wenn es ans Bezahlen geht, werden einfach die Spießchen gezählt. In der Regel bezahlt man für einen Pintxos 1 Euro, je nach Zutaten können die Häppchen aber auch etwas mehr kosten. Die teureren sind durch bunte Spießchen gekennzeichnet.

Um Pintxos zu Hause selbst zu machen, brauchen Sie lediglich ein Baguette, das Sie in Scheiben schneiden und nach Lust und Laune belegen. Hier ein paar Anregungen:

Pesto (fertig gekauft oder siehe Seite 23), geröstete rote Paprikaschoten (Glas), Mozzarella-kugeln & Balsamicoglace (fertig gekauft) oder Balsamicoessig

Feigenkonfitüre & 1 Stück Brie, in das Sie Pinienkerne hineingedrückt haben

1 kleines Stück Tortilla Española (siehe Seite 156) & 2 Kirschtomaten

Karamellisierte Zwiebelringe (die Ringe etwa 30 Minuten bei geringer Hitze in Olivenöl braten), Apfelscheiben & frische Thymian-blättchen

Romesco-Sauce (siehe Seite 23 oder fertig gekauft), ½ Spiegelei & 1 Pimiento de Padrón (die Sie zuvor kurz in Olivenöl angeröstet haben)

Cremiger Ziegenkäse, Brombeer-konfitüre, grob gehackte Walnüsse & 1 Basilikumblatt

Zu Drinks reicht man in Spanien gerne Pickles wie diese Banderilla-Spieße. Wir haben zwar in Barcelona jede Menge Anregungen für Tapas-Spieße bekommen, meine besonderen Favoriten sind allerdings diese einfachen, pikanten Banderillas, die man gut im Voraus zubereiten kann. Sie können dazu fertig gekaufte Pickles aus dem Glas verwenden oder Ihr Gemüse selbst einlegen (siehe Seite 40).

BANDERILLAS

Die Zutaten einfach abwechselnd auf nicht zu lange Spieße stecken. Besonders gut eignen sich:

- Cornichons
- rote Paprikaschoten
- Karotten
- Oliven
- Jalapeño-Chilischoten
- Perlzwiebeln

Plaça Reial, Barcelona, Spanien

Insbesondere in Nordspanien werden in den Bars kleine Spieße mit Appetithappen angeboten (siehe Pintxos, Seite 30, und Banderillas, Seite 32). Diese gefüllten Eier, die ich gerne noch mit Radieschenscheiben und einer Olive anreichere, bekam ich in einer Bar in Barcelona serviert.

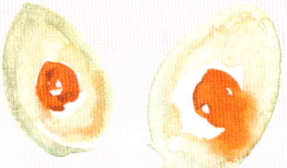

Gefüllte Eier „am Spieß"

1. 6 hart gekochte Eier längs halbieren & das Eigelb herauslösen.

2. Das Eigelb in einer kleinen Schüssel vermengen mit:

   3 EL Mayonnaise
   2 fein gehackten Knoblauchzehen

3. Die Eiweißhälften damit füllen & mit Chiliflocken bestreuen.

4. Auf einen 10 cm langen Spieß zuerst 1 Radieschenscheibe, dann 1 mit Knoblauch gefüllte Olive, danach das gefüllte Ei und zum Schluss 1 weitere Radieschenscheibe stecken. Die letzte Radieschenscheibe soll für einen guten Stand sorgen. Sie benötigen etwa 6 Radieschen und 12 Oliven.

Der Park Güell in Barcelona, Spanien

Diese herrlichen Kirschpaprikas habe ich in der Feinkostabteilung meines Supermarkts entdeckt. Sie werden aber, bereits von Stielen und Samen befreit, auch in Gläsern angeboten.

gefüllte Kirschpaprikas

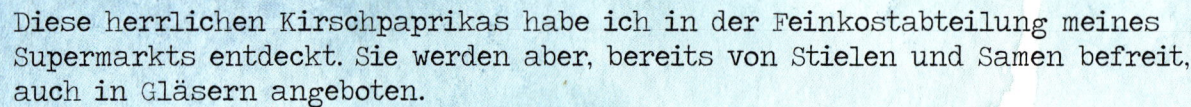

30 g Ziegenkäse
60 g Doppelrahm-
frischkäse

Beides auf Zimmertempera-tur erwärmen & vermengen.

Die Käsemischung in

12 eingelegte Kirschpaprikas

füllen.

Auf einer Platte anrichten und bestreuen mit:
- abgeriebener Zitronenschale
- gehacktem Schnittlauch
- Pfeffer

Diese typisch italienische Vorspeise findet man in sizilianischen Restaurants häufig auf der Speisekarte. Das vielseitige Gericht ist ganz einfach zu machen und lässt sich auch gut im Voraus zubereiten. Man kann es als Antipasto oder als Beilage reichen, als Aufstrich für geröstetes Brot verwenden oder mit Pasta, einer cremigen Polenta und sogar zu Eiern servieren. Die Caponata ist gut haltbar, und ich finde, sie schmeckt am nächsten Tag sogar noch besser.

CAPONATA

Für 6–8 Personen als Vorspeise

①
1 Aubergine &
1 Zwiebel in 12 mm
große Würfel
schneiden.

②
Beides mit 4 gehackten Knoblauchzehen, reichlich Olivenöl (etwa 60 ml) sowie je 1 Prise Salz & Pfeffer in eine große Kasserolle geben.

③
Das Ganze unter häufigem Umrühren 15-20 Minuten bei mittlerer Hitze kochen lassen. 3 in Würfel geschnittene Eiertomaten, 3 EL Rotweinessig, 2 EL Kapern, 1 TL Honig & noch etwas Salz und Pfeffer hinzufügen und alles weitere 10 Minuten unter häufigem Rühren kochen lassen. In eine kleine Schüssel füllen & mit Pinienkernen und Basilikum garnieren.

Aci Castello, Sizilien, Italien

Zu diesem Rezept haben mich die Aufschnittplatten inspiriert, die man in den von uns bereisten Ländern häufig mit Brot und Käse als Vorspeise serviert bekommt. Die Wurstwaren habe ich hier allerdings durch sauer eingelegtes Gemüse ersetzt.

Bunte Pickles-Platte

Das Gemüse auf einem langen Küchenbrett anrichten, ein Messer, Käse & Grissini dazulegen und das Ganze mit kleinen, frischen Kräuterzweigen, z. B. Rosmarin oder Thymian, garnieren. Noch ein paar Dips, z. B. eine Tapenade, Senf oder Hummus, ein paar sonnengetrocknete Tomaten & Oliven dazu reichen.

→ 2 Gelbe Beten

mit der Mandoline in hauchdünne Scheiben schneiden.

→ 1 Wassermelonenrettich

mit der Mandoline in hauchdünne Scheiben schneiden.

→ 15 Stangen grüner Spargel

Die holzigen Enden abschneiden, die Stangen 2-3 Minuten zugedeckt in etwas Wasser blanchieren und anschließend abkühlen lassen.

→ 2 Möhren

Nehmen Sie möglichst große, dicke Exemplare und hobeln Sie mit dem Gemüseschäler lange, nicht zu dünne Streifen davon ab.

→ 225 g Käse

Zum Umwickeln der Spargelstangen habe ich in dünne Scheiben geschnittenen Havarti und Schweizer Käse gekauft. Außerdem sollte ein weicher, cremiger Brie nicht fehlen, mit dem man die Bete- und Rettichscheiben - wie Cracker - bestreichen kann.

FÜR DIE MARINADE:

240 ml Wasser mit der gleichen Menge Apfelessig & 1 TL Salz zum Kochen bringen und einige Minuten köcheln lassen, bis sich das Salz aufgelöst hat. Die Mischung danach abkühlen lassen. Die Betescheiben und die Möhrenstreifen hineingeben und mindestens 1 Stunde im Kühlschrank in der Marinade ziehen lassen. Das Gemüse vor dem Servieren mit Küchenpapier trocken tupfen.

An der portugiesischen Algarve haben wir abends am Strand gerne ein paar Drinks genommen und dazu kleine Snacks genossen. Die meisten Lebensmittelgeschäfte boten mit Marcona-Mandeln gefüllte getrocknete Feigen an, die vorzüglich zu unseren Aperitifs passten. Wenn man dazu dann noch etwas Käse genießt, ist das Ganze perfekt!

gefüllte Feigen

12 getrocknete Feigen ⟶ Versuchen Sie helle, flache, runde Feigen, z. B. türkische Feigen, zu bekommen. Die Stielansätze entfernen und die Früchte waagrecht so halbieren, dass sie an einer Seite noch zusammenhängen wie Muschelschalen.

85 g Ziegenkäse **12 Walnusshälften** } Verwenden Sie einen weichen Ziegenkäse, z. B. eine Ziegenkäserolle, und rollen daraus 12 murmelgroße Kügelchen. Die Feigen mit je 1 Käsekugel und 1 Walnusshälfte füllen.

Alternativ können Sie die Feigen auch waagrecht halbieren, ein paar Marcona-Mandeln am Rand in eine Hälfte hineindrücken und die andere Hälfte wie bei einem Sandwich daraufpressen.

Praia da Salema, Portugal

Praia da Luz, Portugal

The Black Anchor, Tavira, Portugal

Tavira, Portugal

Im italienischen Portovenere bekamen wir Kartoffelchips, Lupinen und Oliven zu unserem Aperol Spritz.

DRINKS

Im Uhrzeigersinn von links oben:
Ein Glas Aperol Spritz am Strand von Monterosso al Mare, Italien; vor der Ananasso Bar in Vernazza, Italien; Monterosso al Mare, Italien; die Trauben für den traditionellen Süßwein (Sciacchetrà) der italienischen Cinque Terre trocknen in der Sonne.

In den Cinque Terre nahmen wir an einer Führung durch das Weingut des Winzers Luciano Capellini teil. Bei der anschließenden Weinprobe servierte man uns Focaccia aus einer benachbarten Bäckerei (siehe auch Seite 243).

Sehr angesagt ist dieser klassische italienische Drink, den man an heißen Nachmittagen am Strand oder als Aperitif vor dem Abendessen genießt. Mit seinem fruchtig-bitteren Geschmack ähnelt der leuchtend orangefarbene Likör Aperol dem Campari; dieser hat allerdings einen höheren Alkoholgehalt. Traditionell wird Aperol mit Sodawasser gemischt und mit einer Orangenscheibe garniert. Ich habe ihn hier jedoch mit Prosecco aufgegossen, denn so ist er, wie ich finde, noch prickelnder und erfrischender.

APEROL SPRITZ
mit grapefruit & Thymian

Für 1 Person

Aperol
Prosecco
kohlensäurehaltiges
Mineralwasser

Ein Glas mit Eis füllen und mit je 60 ml Aperol, Prosecco und Mineralwasser aufgießen.

Anstelle des Mineralwassers eignet sich auch eine ungesüßte Grapefruitlimonade. Und wenn Sie keinen Prosecco bekommen, nehmen Sie einen trockenen weißen Schaumwein.

Zum Garnieren

1 rosa Grapefruitscheibe & 2 Zweiglein frischer Thymian

In Spanien wird dieser erfrischende Drink, der ein wenig an Sangria erinnert, traditionell aus gleichen Teilen Rotwein und Zitronenlimonade hergestellt und mit einer Zitronenscheibe garniert. Ich habe für diese leichtere Variante eine ungesüßte Zitronenlimonade verwendet. Beim Rotwein bevorzuge ich körperreiche Weine, z. B. den Tempranillo.

TINTO DE VERANO
mit Erdbeeren

Ein Glas mit Eis füllen und zu gleichen Teilen aufgießen mit:

{ Rotwein

Zitronenlimonade

↓

Etwa 1 TL Zitronensaft hinzufügen, ein paar halbierte Erdbeeren auf einen Spieß stecken und in das Glas stellen & mit 1 Zitronenscheibe garnieren.

Umrühren.

GIN-TONIC-BAR

Für 1 Person

60 ml Gin
120 ml Tonic Water
Eis

Gin Tonic, der in großen Kelchgläsern serviert wird, ist in Barcelona außerordentlich beliebt. Ganz in unserer Nähe befand sich eine Bar namens Xixbar Gins & Cocktails, die die unterschiedlichsten Variationen im Angebot hatte. Ich habe einen Gin Tonic mit Gewürznelken getrunken. Er schmeckte vorzüglich und ist ideal für kalte Tage. Wenn Sie Gäste haben, bereiten Sie doch einmal eine Platte mit verschiedenen Garnituren vor, so dass sich jeder seinen Gin Tonic selbst zusammenstellen kann. Ich fülle die Gläser zur Hälfte mit Eis, gieße im Verhältnis 1:2 mit Gin und Tonic auf und füge noch 2 oder 3 der unten abgebildeten Zutaten hinzu. Denken Sie aber daran, dass die Garnitur nicht unbedingt zum Essen gedacht ist, sondern in erster Linie dazu dient, das Aroma zu unterstreichen.

Thymian   Rosmarin   Minze   Salatgurke

Clementinenscheibe   Orangenzeste   Zitronenspalte   Limettenscheibe

rosa Grapefruitscheibe   Rosa Beeren   Wacholderbeeren   Gewürznelken

Vorschläge für weitere Garnituren: Brombeeren, essbare Blüten (z. B. Kapuzinerkresseblüten), Sternanis, Zimtstangen, frische Ingwerscheiben, Jalapeño-Chilischoten, Lavendel, Granatapfelkerne

Vorschläge für Garnituren (im
Uhrzeigersinn von links oben):
• Brombeere & Grapefruit
• Clementine & Kapuzinerkresse
• Orange & Gewürznelken
• Rosmarin & Rosa Beeren

CAVA-
Sangria

In Barcelona saßen wir an warmen Herbstabenden gerne in einem Straßencafé bei ein paar Tapas und einem Drink, während Ezra auf der Plaza spielte. In unserem Lieblings-café gab es diese köstliche weiße Sangria, die mit Cava, einem spanischen Schaumwein, hergestellt wird, den man mit französischem Champagner oder italienischem Prosecco vergleichen könnte.

1 Flasche CAVA

(750 ml)
oder ein anderer trockener weißer Schaumwein

480 ml weißer Traubensaft

Beides in einem Krug mischen mit:

165 g in Scheiben geschnittenen Erdbeeren

125 g Himbeeren

½ Grapefruit, erst in Scheiben, dann in Dreiecke geschnitten

Gut gekühlt oder auf Eis servieren.

Ausgedehnte Lavendelfelder prägen das Landschaftsbild in Südfrankreich. Besonders angetan hatten es mir auch die getrockneten
Lavendelsträuße auf dem Markt in Antibes.

Für 4 Personen

Lavendellimonade

1.

In einem Krug 2 Teebeutel
mit Lavendelblüten 5 Minuten
in 480 ml heißem Wasser
ziehen lassen.

2.

Die Teebeutel heraus-
nehmen und 3 EL Agaven-
dicksaft oder Honig
einrühren.

3.

480 ml kaltes Wasser
und den Saft von
4 Zitronen (etwa 120 ml)
hinzufügen und gut
umrühren.

4.

Die Limonade abkühlen
lassen, gegebenenfalls noch
etwas nachsüßen & mit Zitro-
nenscheiben und essbarem
Lavendel garniert auf Eis
servieren.

Portwein, eine Spezialität aus dem nordportugiesischen Douro-Tal, wird traditionell nach dem Essen als Dessertwein oder Digestif serviert, man kann ihn aber auch wie hier für Cocktails verwenden. Zu diesem Rezept hat mich der Kirschlikör Ginjinha inspiriert, den wir auf dem Weihnachtsmarkt auf der Praça do Rossio in Lissabon aus kleinen Schokoladentassen getrunken haben.

Portweincocktail mit Kirschen

Für 1 Person

Folgende Zutaten mit etwas Eis
in einen Cocktailshaker geben und
kräftig schütteln:

60 ml roten Portwein

30 ml Whiskey

1 Spritzer Bitter

In ein Glas füllen & mit
3 Maraschino-Kirschen garnieren.

WERMUTCOCKTAIL
mit Blutorange

Für 1 Person

in ein Glas mit Eis gießen:

- 180 ml süßen roten Wermut
- 1 Spritzer Bitter
- 1 Schuss Sodawasser

Umrühren & mit 1 auf einen Zahnstocher gespießten großen grünen Olive und 1 Blutorangenscheibe garnieren.

Schon bald nach unserer Ankunft in Spanien fiel mir auf, dass alle Leute in den Cafés ein rotes Getränk bestellten, das ich nicht kannte. Ich fragte einen Kellner, was das denn sei, und er antwortete: »Wermut.« »Einfach nur Wermut?«, dachte ich, denn ich kannte ihn nur als Bestandteil von Cocktails. In Spanien lernte ich allerdings schnell, ihn »on the rocks« als Aperitif zu trinken. Manchmal mixt man ihn aber auch mit einem Spritzer Bitter und Sodawasser und garniert den Drink mit einer Orangenscheibe. In dieser Form genießt man ihn meist an Sonntagnachmittagen – wohl als eine Art Bloody Mary.

Ein Gläschen Wermut auf unserem
Balkon in Barcelona

An warmen Abenden
genossen wir Tapas &
Drinks auf den Plazas
von Barcelona und
sahen Ezra beim Spie-
len zu.

Der Olivenöl-Shop
und das Restau-
rant Deli' in Èze,
Frankreich

Ein Sonntagnach-
mittag vor dem
Café Flanders in
Barcelona, Spanien

Die Bar Cin Cin
im sizilani-
schen Castel-
buono, Italien

SALATE

Sizilien, Italien

Die vielen, reichlich Früchte tragenden Orangenbäume, die wir in allen von uns bereisten Ländern sahen, haben mich zu diesem Rezept inspiriert. Ein großer Vorzug dieses Salats besteht darin, dass er bereits im Voraus zubereitet werden kann (das Basilikum aber erst unmittelbar vor dem Servieren dazugeben).

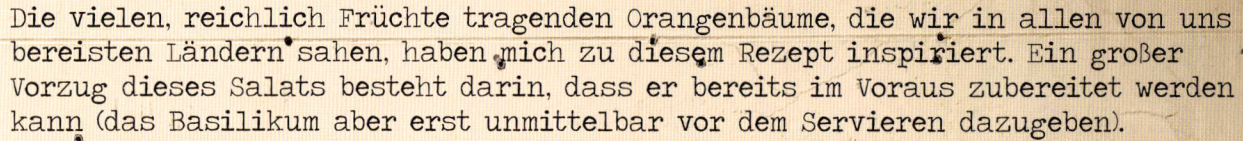

gelbe-Bete-Salat mit Orange

5 große Gelbe Beten schälen, in 2,5 cm große Würfel schneiden & 5–7 Minuten in Salzwasser kochen, bis sie etwas weich sind. Abgießen und unter fließendem kaltem Wasser abschrecken. In einer Schüssel mit 2 geschälten und gewürfelten Orangen, 2 EL in Streifen geschnittenen roten Zwiebeln, 1 EL Olivenöl, Salz & Pfeffer mischen. Vor dem Servieren 2 EL gehacktes Basilikum hinzufügen.

Barcelona, Spanien

Detail eines Mosaiks, das Gaudí für die Bänke im Park Güell in Barcelona, Spanien, gestaltet hat.

Fenchelsalat mit Clementinen

Das idyllische Städtchen Saint-Paul-de-Vence gehört zu den ältesten mittelalterlichen Städten an der französischen Riviera. Ich liebte es, durch die kopfsteingepflasterten Straßen zu schlendern und die Fülle der Zitrusbäume zu bewundern, die hier gedeihen.

schneiden

2 Knollen Fenchel das Grün abgetrennt und beiseitegelegt

5 Clementinen 4 Früchte geschält und in Scheiben geschnitten

2 EL Kalamata-Oliven entsteint

2 EL Minze gehackt

rote Zwiebel 1-2 Scheiben aus der Mitte der Zwiebel in Ringe zerteilt

Einen Teil der Fenchelknollen in sehr feine Streifen schneiden, aber auch noch ein paar größere Stücke belassen. Den Fenchel mit 1-2 EL Olivenöl in eine Pfanne geben, mit Salz würzen und etwa 5 Minuten bei mittlerer Hitze braten, bis er gerade weich und rundherum leicht angebräunt ist. Auf einer Platte verteilen, die Clementinenscheiben und die Oliven darauf anrichten, die Minze, die Zwiebelringe & etwas Fenchelgrün darüberstreuen. Die restliche Clementine halbieren und den Saft über dem Salat auspressen. Mit Olivenöl beträufeln und mit Salz & Pfeffer bestreuen.

Saint-Paul-de-Vence, Frankreich

LINSEN-SALAT

1.

1 große Zwiebel in feine Ringe schneiden und mit ½ TL Paprikapulver sowie je 1 Prise Salz & Pfeffer bei geringer bis mittlerer Hitze in reichlich Olivenöl (etwa 3 EL) unter gelegentlichem Umrühren in etwa 15 Minuten goldgelb braten.

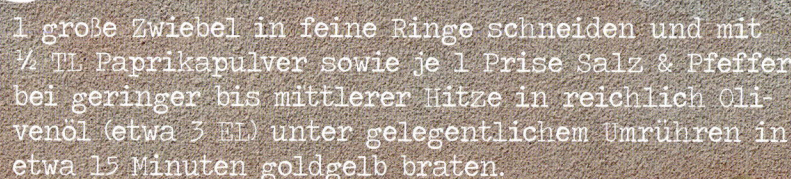

2.

1 Dose (425 g) abgetropfte Linsen und 160 g halbierte Kirschtomaten dazugeben und alles weitere 3 Minuten braten.

3

2 Handvoll junge Grünkohlblätter mit etwas Olivenöl & Zitronensaft vermengen und eine Platte damit auslegen.

4.

Die warme Linsenmischung darauf verteilen, das Ganze nochmals mit etwas Zitronensaft beträufeln, mit je 1 Prise Salz, Pfeffer & Paprikapulver bestreuen und den Salat warm genießen.

Bohnensalat
MIT AVOCADO

Für 4 Personen

170 g ausgelöste, gekochte
EDAMAME

1 Dose (425 g) abgespülte und
abgetropfte
LIMABOHNEN

IN EINER SCHÜSSEL

beide Bohnensorten mit etwas
Olivenöl, dem Saft von
½ Zitrone, 1 EL frisch gehacktem
Oregano, Salz & Pfeffer
vermengen.

DIE BOHNENMISCHUNG

auf einer Platte anrichten & 1 in
Würfel geschnittene Avocado sowie
2 geviertelte hart gekochte Eier
darauf verteilen.

VOR DEM SERVIEREN

mit etwas Olivenöl beträufeln und mit
Salz & Pfeffer bestreuen.

WARME Ziegenkäsetaschen AUF BLATTSALAT

In Saint-Paul-de-Vence (siehe Seite 163) nahmen wir unser Mittagessen vor dem Restaurant Le Tilleul ein und tranken dazu einen Rosé. Der Salat mit Ziegenkäse, den man uns servierte, war einfach umwerfend, denn jedes Käsestück war von einem knusprigen Teig umhüllt. Er schmeckte nicht nur vorzüglich, sondern machte auch richtig satt. Sie können für den Blattsalat eine beliebige Vinaigrette oder meine von Seite 22 verwenden.

Filoteig knapp die Hälfte einer 450-g-Packung

Ziegenbrie ein runder Käse (180 g), in 8 kleine Stücke zerteilt

gemischte Salatblätter 3 Handvoll, mit einer Vinaigrette angemacht

getrocknete Feigen 8 Stück, die Stielansätze entfernt, in Scheiben geschnitten

Walnusskerne geröstet & gesalzen, 40 g davon gehackt

1. 3 Filoteigscheiben aufeinanderlegen und in 8 Quadrate mit 12 cm Kantenlänge schneiden. Jedes Quadrat mit einem Stück Ziegenbrie belegen und den Teig wie bei einem Geschenkpäckchen über dem Käse verschließen. Die Teigränder mit etwas Olivenöl bestreichen, damit der Käse nicht herausläuft. Die Päckchen mit der Naht nach unten auf ein Backblech setzen, mit Olivenöl bepinseln und 10–12 Minuten im 190 °C heißen Backofen goldbraun backen.

2. Eine Platte mit dem Blattsalat auslegen und die Käsetaschen darauf anrichten. Die Feigen und die Walnüsse darüberstreuen und den Salat mit schwarzem Pfeffer übermahlen.

Pesto ist eine Spezialität aus der italienischen Region Ligurien, die traditionell mit Pasta serviert wird, sich aber auch gut zum Anmachen von Salaten eignet.

Bunter Salat mit PESTO

Körner von 1 Maiskolben
1 Salatgurke, mit Schale in Würfel geschnitten
60 g geröstete Walnusskerne, gehackt
40 g entsteinte Kalamata-Oliven, gehackt
1 grüne Paprikaschote, in Würfel geschnitten
¼ rote Zwiebel, gehackt

Die Zutaten in einer Schüssel mit

3 EL Pesto (fertig gekauft oder Pistazienpesto, siehe Seite 23) vermengen. Den Salat gekühlt oder lauwarm genießen.

Erfunden wurde das Pesto in Genua. In der kalten Jahreszeit, wenn es keine frischen Tomaten und Kräuter gibt, empfehle ich Ihnen diese Variante der klassischen italienischen Insalata caprese. Ich kaufe Geschirr häufig auf Flohmärkten, der Teller rechts gehört allerdings zu einem handbemalten Service, das meine Großmutter vor Jahrzehnten in Italien gekauft hat und das ich vor Kurzem von ihr geschenkt bekommen habe.

Winter-Caprese

1. 2 Kugeln Mozzarella (250 g) in Scheiben schneiden.

2. 4 ungeschälte Rote Beten in 6 mm dicke Scheiben schneiden. Die Roten Beten sollten nach Möglichkeit die gleiche Größe haben wie die Mozzarellakugeln.

3. Die Rote-Bete-Scheiben auf einem Backblech verteilen, mit Olivenöl beträufeln, mit Salz & Pfeffer würzen und etwa 25 Minuten im 200 °C heißen Backofen braten, bis man mühelos mit einer Gabel hineinstechen kann und die Scheiben am Rand leicht knusprig sind.

4. Die Rote-Bete- und die Mozzarellascheiben abwechselnd kreisförmig auf einer Platte anrichten. Alles mit Olivenöl beträufeln, mit Salz & Pfeffer bestreuen und in die Mitte einen Klecks Pesto setzen. Die Caprese gekühlt oder lauwarm genießen.

Gurken-Carpaccio

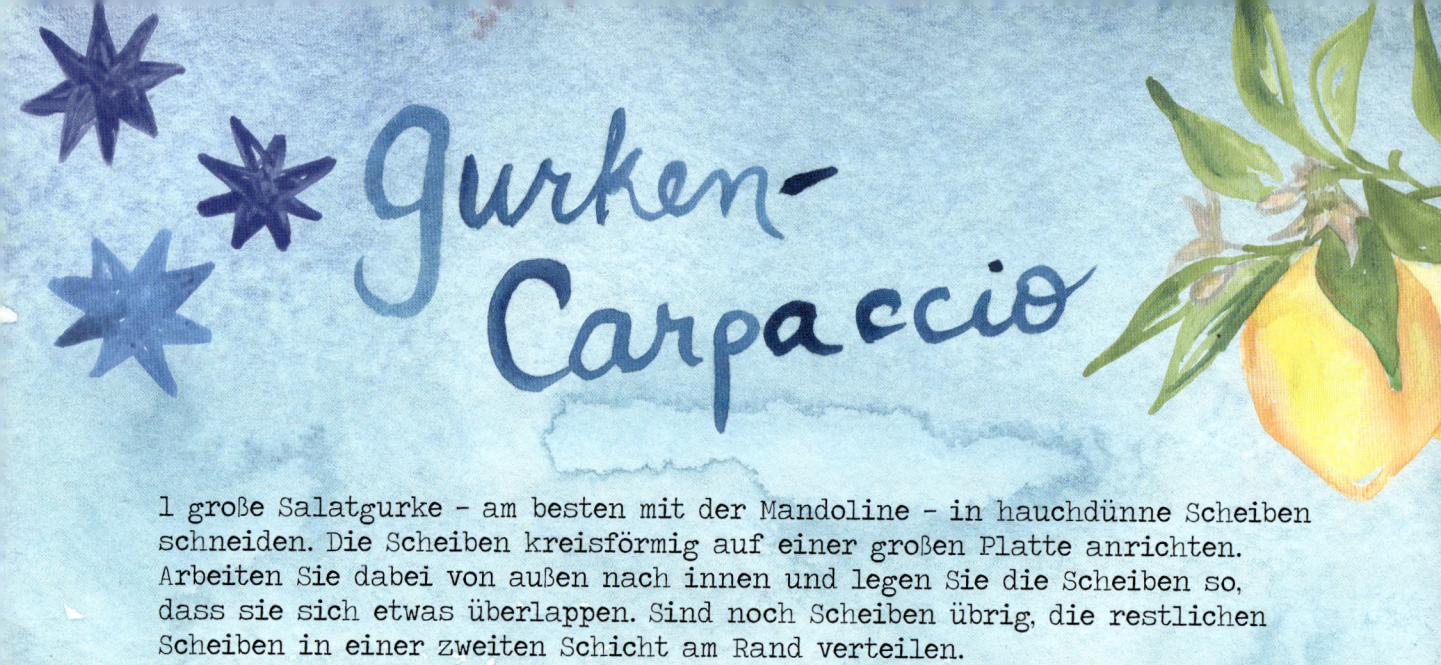

1 große Salatgurke – am besten mit der Mandoline – in hauchdünne Scheiben schneiden. Die Scheiben kreisförmig auf einer großen Platte anrichten. Arbeiten Sie dabei von außen nach innen und legen Sie die Scheiben so, dass sie sich etwas überlappen. Sind noch Scheiben übrig, die restlichen Scheiben in einer zweiten Schicht am Rand verteilen.

Zum Bestreuen bzw. Beträufeln
{
Pinienkerne
frischer Dill
Sultaninen
gehackte Pistazien
Zitronensaft
Olivenöl
Salz & Pfeffer

Zuckerschoten-Salat

Sie benötigen:

185 g (etwa 2 große Handvoll) Zuckerschoten,
die Enden abgeschnitten
2 EL geriebenen Parmesan
3 EL Pinienkerne
6 Datteln, entsteint und gewürfelt
2 EL gehackte Minze
1 EL Olivenöl
2 TL Zitronensaft
schwarzen Pfeffer

Die Zuckerschoten schräg in sehr feine Streifen bei Zimmertemperatur schneiden. Das ist zwar nicht schwierig, aber recht zeitaufwendig. Verwenden Sie ein scharfes Messer, dann geht es ein bisschen schneller.

Die Zutaten in einer Schüssel mischen und den Salat gekühlt oder bei Zimmertemperatur genießen.

Blattsalat mit Reis & gebratenen Möhren

schräg in Scheiben schneiden

4 Möhren schräg in Scheiben schneiden und diese auf einem Backblech verteilen. Mit Olivenöl beträufeln, mit Knoblauchpulver, Chiliflocken, Salz & Pfeffer bestreuen und 20 Minuten im 220 °C heißen Backofen rösten, bis sie am Rand knusprig sind.

Inzwischen 200 g gekochten Reis (oder anderes Getreide - ich nehme gerne eine Mischung aus Quinoa und Wildreis) 3 Minuten bei mittlerer Hitze in Olivenöl braten. Den Reis und die Möhren einige Minuten abkühlen lassen. 3 Handvoll Salatblätter mit einer Vinaigrette (z. B. von Seite 22) anmachen und mit dem Reis und den Möhren mischen.

Algarve Salat

Zu diesem Rezept hat mich ein Salat inspiriert, den wir im Restaurant Raposo am Strand im portugiesischen Sagres gegessen haben. Getrockneter Oregano, der auf den Märkten in dicken Sträußen verkauft wird (siehe Foto rechts), ist eine beliebte Zutat in der portugiesischen Küche.

½ grüne Paprikaschote

½ rote Paprikaschote

1 Handvoll Kirschtomaten

1 Dose (425 g) Kichererbsen, abgetropft

1 Salatgurke

1 Handvoll entsteinte Kalamata-Oliven

2 hart gekochte Eier

Die Paprikaschoten, die Tomaten und die Gurke in Stücke schneiden. Mit den Kichererbsen und den Oliven in eine Schüssel füllen und mit Olivenöl, Reisessig, Salz & Pfeffer vermengen. Die Eier vierteln und am Rand verteilen. Den Salat zum Schluss mit frischem oder getrocknetem Oregano bestreuen.

Das Foto rechts wurde in Praia da Luz, Portugal, aufgenommen.

Quinoa-Salat mit Früchten

160 g — Cantaloupe-Melone, gewürfelt

je 1 kleine Handvoll —
Trauben, halbiert
Himbeeren
Brombeeren
Erdbeeren, gewürfelt

3 EL — gekochte Quinoa

1 EL — frische Minze

Die Zutaten mischen, den Salat in eine Schale füllen & vor dem Servieren ganz leicht mit Olivenöl beträufeln.

gefüllte Avocados

Für 4 Personen

Für die Füllung

75 g ROTE UND GELBE KIRSCHTOMATEN, gewürfelt

40 g KLEINE MOZZARELLAKUGELN (oder gewürfelter Mozzarella)

35 g GRANATAPFELKERNE

etwas Olivenöl, Salz & Pfeffer

umrühren

2 Avocados halbieren und entkernen. Die Füllung auf die vier Hälften verteilen, mit etwas Olivenöl beträufeln, mit Salz & Pfeffer bestreuen und mit Löffeln servieren. Die restliche Füllung in einer Schüssel getrennt dazu reichen. Die gefüllten Avocados können auch auf einem Salatbett serviert werden.

Lissabon, Portugal

Die Weihnachtszeit verbrachten wir in dem malerischen Küstenort Praia da Luz in Portugal. Von dort aus unternahmen wir jeden Tag Ausflüge in benachbarte Küstenstädte. Das Wetter war herrlich, und wir nahmen unser Mittagessen oft in einem Café am Wasser ein. Ein Gericht, das wir immer wieder auf den Speisekarten entdeckten, war ein Kichererbsensalat mit Kabeljau. Dieses Rezept ist meine vegetarische Variante.

Kichererbsensalat
MIT MOZZARELLA

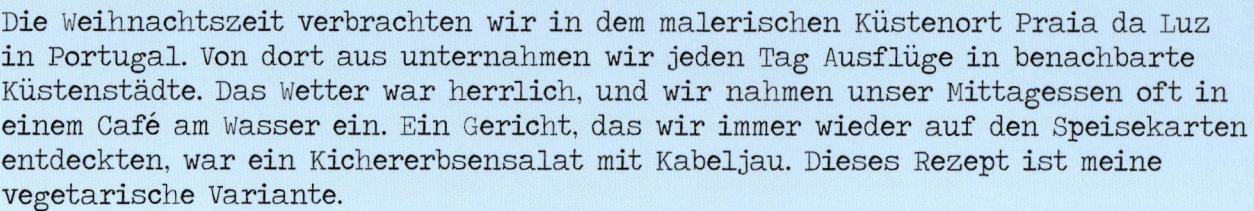

1 Dose (425 g) Kichererbsen, abgetropft
170 g frischer Mozzarella, in Stücke gerissen
2 Schalotten, gehackt
3 EL gehackte rote Zwiebel
1 EL gehackte Petersilie
abgeriebene Schale von 1 Bio-Zitrone
Saft von ½ Zitrone
1 EL Olivenöl
Salz & Pfeffer

Sämtliche Zutaten in einer Schüssel mischen, abschmecken & den Salat mit Zitronenspalten servieren. Schmeckt am besten, wenn man ihn draußen genießt!

Praia da Luz, Portugal

Pikanter Melonensalat

Auf einer Platte ...

① eine kleine Handvoll Rucola verteilen und folgende Zutaten darauf anrichten:

{ ¼ Honigmelone, in schmale Spalten geschnitten
¼ Cantaloupe-Melone, in schmale Spalten geschnitten
1 rote Tomate, in Scheiben geschnitten
1 gelbe Tomate, in Scheiben geschnitten

② Den Salat mit

↓

★ frischem Rucola, Olivenöl, Salz- & Chiliflocken bestreuen bzw. beträufeln. Wenn Sie das Chili-Öl von Seite 22 verwenden, sparsam damit umgehen!

Santa Maria La Scala in Sizilien, Italien

Blumenkohlsalat

① **1 Blumenkohl**
in Röschen zer-
teilen und diese
mit 1 in Scheiben
geschnittenen Zwiebel
auf einem Backblech
verteilen.

② **Beträufeln/
bestreuen mit**

- Olivenöl etwa 2 EL
- Knoblauch 2 Zehen, gehackt
- Chiliflocken etwa ¼ TL
- Zimt etwa ¼ TL
- Kreuzkümmel etwa 1/4 TL
- Salz & Pfeffer

③ 30 Minuten im 220 °C heißen Backofen rösten.

④ **in eine Schüssel
geben** und mit je 35 g Pinienkernen &
Rosinen mischen. Den Salat lauwarm
mit einem Klecks griechischem Joghurt
& Zitronenspalten servieren.

Die Gerichte am Mittelmeer schmecken wahrscheinlich deshalb so gut, weil sie mit frischen saisonalen Zutaten aus heimischer Erzeugung hergestellt werden. Dieser Salat eignet sich besonders gut für die warme Jahreszeit, wenn Pfirsiche, Mais und Tomaten auf dem Markt angeboten werden.

Maissalat mit Pfirsich

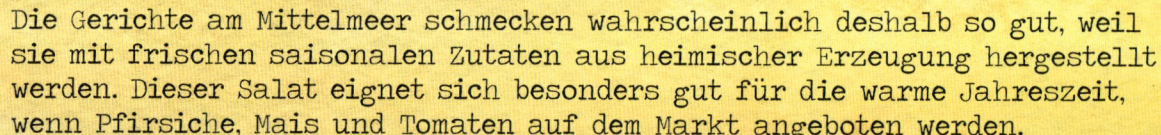

In einer Schüssel mischen:

2 Pfirsiche, in kleine Würfel geschnitten
Körner von 2 Maiskolben
145 g gelbe Kirschtomaten, halbiert
1 kleine orange Paprikaschote, gewürfelt
¼ rote Zwiebel, gehackt
2 EL gehacktes Basilikum
2 EL gehackte Minze
1 EL Olivenöl
2 TL Rotweinessig

Den Salat vor dem Servieren

mit 2 EL geriebenem Parmesan bestreuen & mit schwarzem Pfeffer übermahlen.

Le jardin exotique in Èze, Frankreich

Italienischer Wildreissalat

gekochter Wildreis – 430 g

Kirschtomaten – 100 g, rot und gelb, halbiert

eingelegte Artischockenherzen – 5 Stück aus dem Glas, in Scheiben geschnitten

sonnengetrocknete Tomaten – etwa 2 EL aus dem Glas (in Öl), abgetropft und gehackt

Kapern – 2 EL aus dem Glas, abgetropft

rote Zwiebel – 30 g, gehackt

glatte Petersilie – 20 g, gehackt

Sämtliche Zutaten in einer Schüssel mischen und den Salat mit 2 EL Öl, 1 EL Rotweinessig, Salz & Pfeffer anmachen. Der Salat kann bereits im Voraus zubereitet werden, die Petersilie dann aber erst unmittelbar vor dem Servieren dazugeben.

Aci Castello in Sizilien, Italien

EMMER-GURKEN-SALAT

200 g Emmer

1 Salatgurke mit Schale in Würfel geschnitten

3 EL Petersilie grob gehackt

75 g Feta zerkrümelt

60 g Walnusskerne gehackt

Wasser in einem Topf zum Kochen bringen und den Emmer hinzufügen. Je nach Korngröße kann die Kochzeit zwischen 10 und 30 Minuten variieren. Ich koche ihn wie Pasta und teste nach 10 Minuten, ob er bereits al dente ist. Den Emmer anschließend abgießen und unter fließendem kaltem Wasser abschrecken. In eine Schüssel füllen und mit den restlichen Zutaten mischen. Den Salat mit dem Saft und der abgeriebenen Schale von ½ Bio-Zitrone, 2 EL Olivenöl, Salz & Pfeffer anmachen.

Artischocken & Zitrusfrüchte auf einem Markt in Sizilien, Italien

Antibes, Frankreich

KLEINE GERICHTE

In Südportugal besichtigten wir die Monterosa-Olivenöl-Farm (diese und gegenüberliegende Seite) in Moncarapacho und verkosteten einige der Olivenöle. Ich habe dabei eine Menge gelernt, und der Besuch hat mich in meiner Überzeugung bestärkt, dass ein hochwertiges Olivenöl den Geschmack eines Gerichts deutlich verbessert.

115

In Barcelona gingen wir abends gerne auf eine nahe gelegene Plaza, wo wir draußen vor einem Café Patatas bravas aßen und einen Drink nahmen, während die Kinder spielten. Auf eher traditionellen Speisekarten war dies manchmal das einzige fleischlose Gericht, weshalb wir es recht oft, vielleicht sogar jeden Tag bestellten. Das Gericht besteht für gewöhnlich aus frittierten Kartoffelwürfeln. Ich habe hier zusätzlich Süßkartoffeln verwendet und die Kartoffeln im Ofen gebacken. Das Besondere ist die Sauce, mit der die Kartoffeln entweder überzogen werden oder die getrennt dazu gereicht wird. Gelegentlich bekamen wir neben der roten noch eine weiße Sauce. Manchmal auch eine Kombination aus beidem. Die Sriracha-Sauce können Sie auch weglassen, wenn sie Ihnen (oder Ihren Kindern) zu scharf ist.

Patatas bravas

Die Kartoffeln in 2,5 cm große Würfel schneiden, auf einem Backblech verteilen, mit reichlich Olivenöl (mindestens 2 EL) beträufeln, mit Salz bestreuen und das Ganze mit den Händen durchmischen.

2 festkochende Kartoffeln
2 kleine Süßkartoffeln mit Schale

40–45 Minuten im 220 °C heißen Ofen backen.

Die Kartoffeln während des Backens ein paar Mal wenden, damit sie rundherum gebräunt werden. Wenn sie am Blech anhängen, noch etwas Olivenöl hinzufügen.

FÜR DIE SAUCE:

½ große Zwiebel hacken & mit 2 Knoblauchzehen bei geringer bis mittlerer Hitze in 1 EL Olivenöl etwa 10 Minuten goldgelb anschwitzen. 3 EL Mayonnaise, 3 EL Tomatenmark, 1 TL Sriracha-Sauce & ½ TL geräuchertes Paprikapulver hinzufügen und das Ganze mit dem Stabmixer pürieren. Die Sauce getrennt zu den Kartoffeln reichen, damit man die Kartoffelwürfel auf Zahnstocher aufspießen und in die Sauce tauchen kann.

Die Paella ist vermutlich das bekannteste spanische Gericht. Sie wird in einer speziellen Pfanne zubereitet, in der sie auch serviert wird. In Barcelona haben wir verschiedene vegetarische Varianten probiert. Im Küstenviertel La Barceloneta bestellten wir uns eine Paella mit Möhren und roten Paprikaschoten. Am besten hat mir jedoch die Paella geschmeckt, die wir an einem Stand auf dem Mercat de la Boqueria an den Ramblas bekamen und die mit verschiedenen Erbsensorten zubereitet war. Seine schöne gelbe Farbe verdankt der Paellareis normalerweise dem hinzugefügten Safran, den ich hier jedoch durch Kurkuma ersetzt habe.

Paella mit Zuckerschoten

(1.)

1. 120 ml Gemüsebrühe

285 g Arborio-Reis

Die Brühe in einem Topf zum Kochen bringen und den Reis darin zugedeckt etwa 20 Minuten köcheln lassen, bis er die Flüssigkeit vollständig aufgesaugt hat und weich ist. Ist er noch zu hart, etwas Brühe hinzufügen und den Reis einige Minuten weiterköcheln lassen.

Den fertig gegarten Reis würzen mit:

2 TL Kurkuma

½ TL Knoblauchpulver

Salz + Pfeffer

(2.) In einem zweiten Topf 120 g ZUCKERSCHOTEN (die Enden abgeschnitten) & 3 gehackte SCHALOTTEN 1 Minute in 1 EL Olivenöl anschwitzen. Den Herd ausschalten, den Reis sowie 1 EL Olivenöl hinzufügen und alles gut durchmischen.

(3.) Den Reis auf einer Platte anrichten, mit gehackter glatter PETERSILIE bestreuen und mit Salz & Pfeffer würzen.

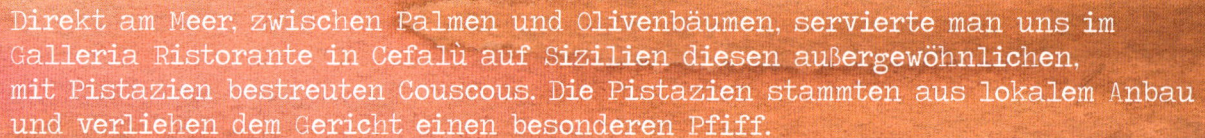

Direkt am Meer, zwischen Palmen und Olivenbäumen, servierte man uns im Galleria Ristorante in Cefalù auf Sizilien diesen außergewöhnlichen, mit Pistazien bestreuten Couscous. Die Pistazien stammten aus lokalem Anbau und verliehen dem Gericht einen besonderen Pfiff.

Couscous mit Möhre & Pistazien

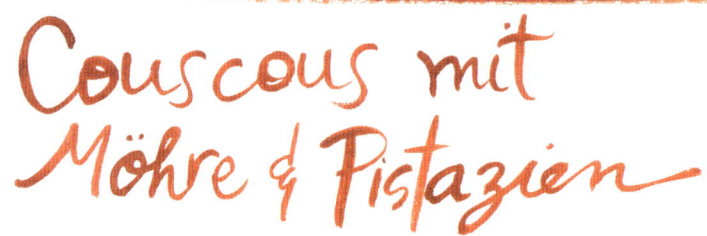

Alle Zutaten bei mittlerer Hitze etwa 7 Minuten unter häufigem Rühren braten, bis die Möhren etwas weich sind.

1 rote Zwiebel (in feine Ringe geschnitten)
5 verschiedenfarbige Möhren (schräg in Scheiben geschnitten)
2 Knoblauchzehen (gehackt)
Olivenöl
grobes Salz

Kochen

135 g Couscous nach Packungsanweisung (für gewöhnlich 10 Minuten in 360 ml Flüssigkeit) garen. Ich bevorzuge Gemüsebrühe anstelle von Wasser, denn dadurch bekommt das Gericht mehr Geschmack.

Servieren

Nach dem Kochen etwas Olivenöl unter den Couscous rühren, damit er nicht klumpt. Den Couscous auf einer Servierplatte verteilen & das Gemüse darauf anrichten. Mit 30 g grob gehackten, gerösteten und gesalzenen Pistazien und 2 EL gehackter Petersilie bestreuen & mit Zitronenspalten garnieren. Heiß servieren.

Santa Maria La Scala, Sizilien

gegrilltes Gemüse mit Käse

Die Paprikaschoten in breite Streifen, das übrige Gemüse in 6 mm dicke Scheiben schneiden und alles auf dem Holzkohlegrill oder in einer Grillpfanne in etwas Olivenöl grillen und mit Salz & Pfeffer würzen.

2 Paprikaschoten
1 kleine Aubergine
2 rote Kartoffeln
1 kleine rote Zwiebel
1 Zucchini

Das gegrillte Gemüse auf einer Platte anrichten und in die Mitte einen Weichkäse (170 g), z. B. einen Brie, setzen. Den Käse mit Honig beträufeln und mit etwas getrocknetem Oregano bestreuen. Ich esse dieses Gericht gerne als Vorspeise, belege die Gemüsescheiben mit dem Käse und esse sie wie Cracker. Man kann das gegrillte Gemüse aber natürlich auch mit Messer und Gabel essen. Warm oder lauwarm servieren.

In den sizilianischen Restaurants habe ich häufig gegrilltes Gemüse bestellt. Zu meiner Überraschung waren immer Kartoffelscheiben dabei. Eine vorzügliche Ergänzung! Ebenso einfach wie köstlich: der Honig und der Oregano.

Pan con tomate

Dieses Tomatenbrot, das im Katalanischen »pa amb tomàquet« heißt, wird in Spanien gerne als Tapa serviert. Welches Brot man dafür nimmt und ob es geröstet wird oder nicht, ist von Ort zu Ort verschieden. Man kann die Tomate auf das Brot reiben, manchmal wird es vorher auch mit Knoblauch eingerieben und gelegentlich bereitet es der Gast auch selbst am Tisch zu. Eine Freundin, die in Barcelona aufgewachsen ist, vertraute mir ihr Familienrezept an, das ich hier an Sie weitergebe. Sie verwendet dafür kleine, besonders saftige Strauchtomaten, die auf den Märkten an Schnüren aufgehängt angeboten werden. Bei diesem Gericht kommt es sehr auf gute Qualität an. Kaufen Sie sich deshalb ein schönes Baguette beim Bäcker und verwenden Sie nur bestes Olivenöl und reife Tomaten.

8 kleine Tomaten

Besonders zu empfehlen sind die Sorten Roma und Campari oder kleine Eiertomaten. Die Tomaten halbieren.

1 Baguette

schräg in 12 mm dicke Scheiben schneiden.

8 Knoblauchzehen

der Länge nach halbieren.

schneiden

Die Zutaten mit einem Schälchen Salz (ich nehme Maldon- oder koscheres Salz) & einer kleinen Flasche Olivenöl auf einer Platte anrichten. Die Baguettescheiben zunächst mit den halbierten Knoblauchzehen einreiben. Anschließend die halbierten Tomaten unter kräftigem Druck in das Brot einmassieren. Das Brot danach mit 1 Prise Salz bestreuen und großzügig mit Olivenöl beträufeln. Die Knoblauch- & Tomatenhälften sind jeweils ausreichend für 2-3 Brotscheiben. Wer mag, kann das Tomatenbrot noch mit 1 Scheibe Manchego-Käse belegen.

Die Platte rechts wurde auf einer von Gaudí gestalteten Bank in Barcelona fotografiert (siehe Seite 245, unten rechts).

→

Gebackener Provolone

Dieser geschmolzene Provolone war überall in Barcelona auf den Tapas-Karten zu finden. Der Käse wird relativ schnell fest, genießen Sie ihn also, sobald er aus dem Ofen kommt!

SIE BENÖTIGEN:

2 Knoblauchzehen, gehackt

225 g Provolone, in Scheiben

1 EL frisch gehackten Oregano

1 EL frisch gehackten Schnittlauch

1 Baguette, in Scheiben geschnitten

Die Provolone-Scheiben in eine kleine, mit Öl eingefettete feuerfeste Form schichten und jede Scheibe mit Knoblauch bestreuen. Den Oregano und den Schnittlauch darüberstreuen und das Ganze mit schwarzem Pfeffer übermahlen. Die Form 10-15 Minuten in den etwa 200 °C heißen Backofen schieben, bis der Käse geschmolzen ist und Blasen wirft. Die gerösteten oder ungerösteten Baguettescheiben in den Käse tunken. Wenn der Käse hart wird, mit einem Messer Stücke herausschneiden.

BURRATA-BÜFETT

In der wundervollen Markthalle von San Miguel in Madrid gibt es Stände, an denen nichts anderes angeboten wird als Burrata in den unterschiedlichsten Variationen, zumeist als Vorspeise auf Crostini. Burrata ist einer meiner Lieblingskäse. Äußerlich erinnert er an frischen Mozzarella, innen aber ist er cremig-weich wie Ricotta. Man kann den Frischkäse mit süßen und pikanten Toppings kombinieren und er schmeckt vorzüglich auf geröstetem Brot. Ich finde, man kann davon einfach nie genug bekommen, und der Meinung sind wohl auch die glücklichen Spanier.

Burrata

Olivenöl & Balsamico

Tomaten, Apfel & Rucola

Kapern

Salzflocken

Pinienkerne

gebackene Knoblauch-knolle

(den Stielansatz abschneiden, die Knolle mit Öl beträufeln & 45 Minuten im 220 °C heißen Backofen backen)

Pesto

(ich nehme fertig gekauftes)

Feigen-konfitüre

geröstete Paprika-schoten

(aus dem Glas)

WEITERE IDEEN:
schwarzer Pfeffer
Pfirsiche
Feigen
Oliven
Marinara-Sauce
karamellisierte
Zwiebeln
frischer Thymian
Sesam

Ein Burrata-Büfett ist eine unterhaltsame, kommunikative Vorspeisenidee und eignet sich besonders gut für kleinere Gruppen. Die wichtigsten Zutaten sind Burrata (pro Person sollten Sie mindestens 55 g rechnen) und Crostini. Für die Crostini ein Baguette in Scheiben schneiden, mit Öl beträufeln, mit Salz bestreuen und unter dem Backofengrill auf einer Seite rösten. Die Toppings in kleine Schüsseln füllen, so dass sich die Gäste ihre Crostini selbst zusammenstellen können. Hier ein paar Anregungen:

geröstete Paprikaschote,
Pesto & Pinienkerne

Feigenkonfitüre, Rucola,
Salz & Pfeffer

gebackener Knoblauch
& Kapern

Apfel
& Pinienkerne

Pesto, gebackener Knoblauch
& Pfeffer

Tomate, Rucola, Olivenöl
& Balsamico

Burrata mit Tapenade

Die besten Burrata-Antipasti habe ich in Barcelona in der Lolita Taperia in der Nähe des Sant-Antoni-Viertels und bei Tapeo in El Born gegess-
sen. Dieses Rezept ist eine Kombination aus beiden.

1. 1 Handvoll gelbe
KIRSCHTOMATEN
in Spalten schneiden und
mittig auf einer kleinen
Platte verteilen.

2. 1 Kugel
BURRATA
(115 g) daraufsetzen.

3. 1 Löffel fertig gekaufte
TAPENADE
auf den Käse geben, etwas Schnittlauch darüberstreuen & großzügig
mit Olivenöl beträufeln.

Mit getoasteten oder in der Pfanne
in Olivenöl gerösteten Baguettescheiben servieren.

Die von Gaudí umgebaute
Casa Batlló in Barcelona

Burrata & Butternusskürbis

1.

Schälen & schneiden Sie ½
**BUTTERNUSS-
KÜRBIS**
(etwa 345 g) in 2,5 cm
große Würfel.

2.

BRATEN
Sie die Würfel auf einem Backblech mit reichlich
OLIVENÖL
sowie etwas Salz & Pfeffer 30-40
Minuten unter gelegentlichem
Wenden im 220 °C heißen Backofen, bis sie weich und leicht
gebräunt sind.

3.

Den gebratenen Kürbis
auf einer Platte oder einem
Küchenbrett mit 225 g
BURRATA
& 1 Handvoll Rucola
anrichten.

Servieren Sie

das Ganze mit geröstetem Landbrot,
Pfeffer & Olivenöl sowie Messer und Gabel,
damit sich jeder Gast sein Brot selbst
zusammenstellen kann.

Kartoffelkroketten wurden auf den spanischen Tapas-Büfetts in den unterschiedlichsten Varianten angeboten. Beliebt war vor allem eine Version mit Schinken-
stückchen, die ich für meine vegetarische Variante durch Pilze ersetzt habe.
Normalerweise sind Kroketten länglich geformt, einfacher herzustellen sind sie
aber, wenn man den Teig zu Kugeln rollt.

Kroketten mit Pilzen

**1 mehlig kochende
Kartoffel
1 Süßkartoffel**

schälen, würfeln & in etwa
10 Minuten weich kochen.

**½ rote Zwiebel
6 Zuchtchampignons**

würfeln, salzen & etwa
5 Minuten bei mittlerer
Hitze in Olivenöl
braten.

Die Kartoffeln mit einer Gabel zerdrücken und mit
der Pilzmischung, Salz & Pfeffer vermengen. Die Mischung
etwas abkühlen lassen und danach esslöffelgroße Bällchen
daraus formen. Die Bällchen nacheinander in 2 verquirlten
Eiern und in Paniermehl (etwa 100 g) wenden.

Die Bällchen unter gelegentlichem
Wenden in einem mit einer dünnen Schicht
Olivenöl gefüllten Topf frittieren, bis sie
rundherum knusprig sind. Die Kroketten
mit einem Dip (z. B. von Seite 22) oder etwas
griechischem Joghurt, der mit einer scharfen Sauce verrührt wurde, genießen.

Ezra und ich beim
Schwimmen in Sitges,
Spanien

FEIGENKUCHEN
mit getrockneten Kirschen

Von Barcelona aus unternahmen wir einen Tagesausflug und fuhren mit der Seilbahn zum Kloster Santa Maria de Montserrat (siehe Foto unten) hinauf. Auf den Tischen, die dort aufgebaut waren, erwartete uns eine beeindruckende Vielfalt kleiner runder Feigenkuchen (Pan de higo), die mit getrockneten Früchten und Nüssen verziert waren. Man schneidet diese Kuchen gerne in dünne Scheiben und isst sie zu einem Glas Wein, wie Cracker mit Käse belegt, als Appetithäppchen vor dem Abendessen. Die getrockneten Kirschen, die ich für meine Variante verwendet habe, verleihen dem Kuchen eine angenehm säuerliche Note.

getrocknete Franziskaner-feigen
100 g, die Stielansätze entfernt

getrocknete Kirschen
35 g, ungesüßt

geröstete Mandeln
70 g, ungesalzen

plus ...
1 Prise Zimt, 1 EL Honig & 1 EL Wasser

Sämtliche Zutaten in der Küchenmaschine zu einem klebrigen Teig verarbeiten. Bei Bedarf noch etwas Wasser hinzufügen. Den Teig zu einem großen Fladen formen und zum Garnieren Trockenfrüchte und Nüsse in die Oberfläche drücken. Ich nehme gerne Pinienkerne, Mandeln & eine Scheibe von einer Trockenfrucht. Den Fladen in Frischhaltefolie verpacken, im Kühlschrank fest werden lassen und mit Manchego-Käse servieren.

Toast mit Zwiebel & Feige

Toasts wie dieser wurden überall entlang der französischen Riviera in allen möglichen Variationen und Größen angeboten. Mit einem Glas Rosé ist ein solcher Toast eine perfekte leichte Mahlzeit.

1. ½ große Zwiebel, am besten mit einer Mandoline, in hauchdünne Scheiben schneiden.

2. Die Zwiebel 15 Minuten bei geringer bis mittlerer Hitze unter häufigem Rühren in folgenden Zutaten braten:

{
1 EL BUTTER
1 EL OLIVENÖL
1 EL BALSAMICO

3. 4 Scheiben knuspriges Brot rösten und nacheinander 2 EL Ziegenkäse, 1 EL Feigenkonfitüre und 1 Löffel Zwiebeln darauf verteilen. Mit gehackten Pinienkernen bestreuen, mit Olivenöl beträufeln und mit Salz & Pfeffer würzen.

Das Restaurant Le Galet in Nizza, Frankreich

Zu diesem Rezept hat mich ein Pilztoast angeregt, den ich in einem Restaurant an der Algarve im Süden Portugals gegessen habe. Statt mit einem pochierten Ei war dieser Toast jedoch mit einem rohen Eigelb garniert.

Toast mit Pilzen & schalotten

2 Minuten bei mittlerer Hitze anschwitzen:

1 große gehackte Schalotte
2 EL Butter

Dann folgende Zutaten hinzufügen:

3 Zuchtchampignons
1 Shiitakepilz
1 Austernpilz
1 Knoblauchzehe
2 EL Olivenöl
1 TL frischer Thymian

GEHACKT

Das Ganze 10 Minuten unter häufigem Rühren braten, bis die anfallende Flüssigkeit verdampft ist und die Pilze leicht gebräunt sind. 4 Scheiben Brot rösten, mit Butter bestreichen und die Pilzmischung darauf verteilen. Zum Schluss jeweils ein Spiegelei oder ein pochiertes Ei daraufsetzen und mit Salz & Pfeffer bestreuen.

Praia da Luz, Portugal

BRUSCHETTA
mit Steinfrüchten

Die klassische Tomate als Belag für die Bruschetta ersetze ich gerne durch Steinfrüchte. Denn zusammen mit dem Knoblauch wird daraus ein sehr ungewöhnliches, aber nicht minder köstliches Geschmackserlebnis.

155 g gewürfelte Steinfrüchte
(hier 3 Pfirsiche, alternativ Pflaumen, Nektarinen oder Aprikosen oder eine Mischung aus allem)

3 Knoblauchzehen
in hauchdünne Scheiben geschnitten

2 EL gehacktes Basilikum
2 TL Olivenöl
Salz & Pfeffer

Sämtliche Zutaten in einer Schüssel mischen und auf gerösteten, mit Olivenöl beträufelten und mit Salz bestreuten Baguettescheiben verteilen.

143

Toast mit Bohnen & Mangold

1. 4 dicke Scheiben Sauerteigbrot in einer Pfanne in einer Mischung aus Olivenöl und Butter bei mittlerer Hitze auf beiden Seiten goldbraun rösten. Aus der Pfanne nehmen und warm stellen.

ZUERST DAS BROT

DANN DIE BOHNEN & DEN MANGOLD

2. In die Pfanne geben:

KNOBLAUCH – 3 Zehen, gehackt

BOHNEN – 100 g Cannellini-Bohnen aus der Dose, abgetropft und abgespült

MANGOLD – 4 Stangen, Blätter & Stiele in schmale Streifen geschnitten

ZITRONE – Saft von ½ Zitrone (plus etwas Zitronensaft, Olivenöl, Salz & Pfeffer)

Das Ganze etwa 2 Minuten bei geringer bis mittlerer Hitze braten, bis der Mangold zusammengefallen ist. Die Mischung auf den Broten verteilen, etwas Zitronensaft und Olivenöl darüberträufeln, mit Salz & Pfeffer würzen und sofort servieren.

In besonderer Erinnerung ist mir das Restaurant Le Galet in Nizza geblieben, direkt an der Uferpromenade (siehe unten). Vielleicht lag es an dem besonderen Ambiente, vielleicht aber auch daran, dass das Essen so vorzüglich war. Die Küche des Le Galet ist stark von der italienischen Küche beeinflusst, was an der Nähe zu Italien liegen mag. Ich habe dort eine Pizza mit Auberginen gegessen und ein Glas Rosé dazu getrunken. Die Pizza war so köstlich, dass sie mich nach meiner Rückkehr nach Kalifornien zu dieser Vorspeise inspiriert hat.

Mini-Pizza mit Aubergine

Eine Aubergine in 6 mm dicke Scheiben schneiden. Die Scheiben mit Salz & Pfeffer würzen und in Olivenöl bei mittlerer Hitze auf beiden Seiten goldgelb braten.

Etwa 450 g fertig gekauften Pizzateig in 6 Portionen teilen und auf der leicht bemehlten Arbeitsfläche zu kleinen Scheiben ausrollen (die Scheiben sollten nur wenig größer sein als die Auberginenscheiben).

Die Teigscheiben auf ein mit Öl eingefettetes Backblech legen, jeweils mit etwa 1 EL Marinara-Sauce bestreichen und mit einer Auberginenscheibe belegen. Die Pizzas 15-20 Minuten im 220 °C heißen Backofen backen. Anschließend herausnehmen und mit je einem Stück Burrata oder frischem Mozzarella belegen, mit Olivenöl beträufeln und mit Chiliflocken bestreuen (oder Sie nehmen nur das Chili-Öl von Seite 22).

Le Galet, Nizza, Frankreich

Fladenbrot mit Spargelbrokkoli-Füllung

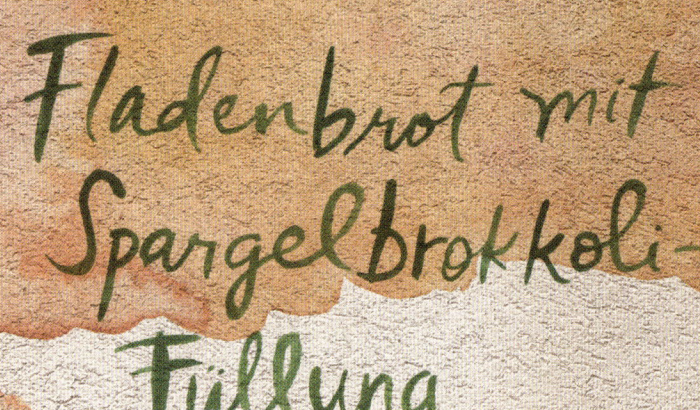

{
5 Schalotten
1 Bund Spargelbrokkoli (oder Rübstiel)
2 Knoblauchzehen
Olivenöl
Salz & Pfeffer

Etwa 450 g fertig gekauften Vollkorn-
PIZZATEIG zu 2 Scheiben mit je 25 cm Durchmesser ausrollen. Die Gemüsemischung
auf einer der Teigscheiben verteilen und
mit etwa 50 g zerkrümeltem FETA bestreuen.
Die zweite Teigscheibe darauflegen und
die Ränder gut zusammendrücken. Mit geriebenem PARMESAN, Salz & Pfeffer bestreuen,
den Fladen auf ein mit Öl eingefettetes
Backblech legen und etwa 15 Minuten im 220 °C
heißen Backofen goldbraun backen. Wie eine
Torte aufschneiden & warm servieren. Dazu
können Sie noch Marinara-Sauce oder Pesto
als Dip reichen.

Bei einem Spaziergang durch die kopfsteingepflasterten Gassen im italienischen Portovenere wollte ich mir in einer Bäckerei einen kleinen Imbiss
kaufen. Auf diese Weise lernte ich die Torta di riso kennen, eine Milchreistorte, die in Ligurien sehr beliebt ist und in einer süßen (mit Zucker und
Zimt) sowie einer pikanten Version (mit Käse) angeboten wird. Eine großartige Möglichkeit, um auf kreative Weise Reisreste zu verarbeiten. Bei dieser
Milchreistorte habe ich mich für Spinat entschieden. Dazu serviere ich
einen Salat oder ich genieße sie einfach nur als sättigenden Snack.

Milchreistorte mit Spinat

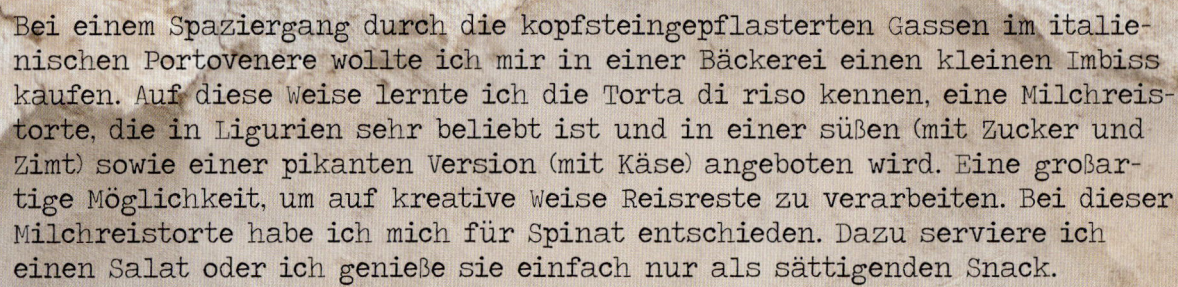

800 g gekochter Rundkorn-Naturreis
½ gehackte Zwiebel, 10 Minuten bei geringer Hitze
in 1 EL Olivenöl angeschwitzt
15 g Parmesan, gerieben
3 Eier, verquirlt
1 Handvoll junger Spinat, fein gehackt
½ TL Knoblauchpulver
1 Prise geriebene Muskatnuss
Salz & Pfeffer

Die Zutaten mischen

und in eine mit Öl eingefettete Tarte-
form (23 cm ø) füllen.

35–40 Minuten im 175 °C heißen Backofen backen.

Mit den Fingern auf die Torte drücken;
herausnehmen, wenn sie sich fest an-
fühlt. Am besten schmeckt die Torta di
riso warm, sie kann aber auch lauwarm
serviert werden.

Pissaladière

Ganz in der Nähe unserer Unterkunft in Antibes gab es eine wundervolle Bäckerei, in der man diesen köstlichen Zwiebelkuchen kaufen konnte. Die traditionellen Anchovis habe ich durch Kapern ersetzt.

Ergibt 4 Stück

2 große Zwiebeln in dünne Scheiben schneiden (am besten mit einer Mandoline) und diese bei geringer bis mittlerer Hitze in 3 EL Olivenöl sowie mit etwas Salz & Pfeffer bestreut 20 Minuten unter häufigem Umrühren anschwitzen.

Folgende Zutaten hinzufügen:

- 1 Knoblauchzehe, gehackt
- ½ TL frisch gehackten Rosmarin
- ½ TL frisch gehackten Thymian
- 1 EL Kapern

Das Ganze weitere 2 Minuten braten.

Ein Backblech einfetten, mit einer 20 × 20 cm großen Blätterteigplatte auslegen und den Teig dabei am Rand hochziehen. Die Zwiebelmischung darauf verteilen. Die Pissaladière mit Kalamata-Oliven und schmalen roten Paprikastreifen garnieren.

Ca. 20 Minuten im etwa 200 °C heißen Backofen backen.

In bleibender Erinnerung ist mir das Café des Nationalen Keramikmuseums (Museo Nacional do Azulejo; siehe Seite 216) in Lissabon geblieben, und das nicht nur wegen des wunderschönen Ambientes, sondern vor allem wegen der köstlichen, mit Pudding gefüllten Blätterteigtörtchen (Pastéis de Nata; siehe Seite 245), die mich zu diesem Rezept inspiriert haben und die überall in der Stadt angeboten werden. Ich habe mich hier für eine pikante Variante mit Kürbis entschieden, um meinen Kindern das Gemüse-Essen schmackhafter zu machen.

Kürbistartelettes

Ergibt 8-10 Stück

1.
2 Eier
180 g Sahne
1 gelber Crookneck-Kürbis, gerieben
1 Prise geriebene Muskatnuss
Salz & Pfeffer

2. Das geriebene Kürbisfleisch in ein Geschirrtuch einschlagen und die Flüssigkeit möglichst vollständig herauspressen. Sie benötigen etwa 65 g Fruchtfleisch.

Die Zutaten miteinander verrühren.

3. Mit einem Glas aus einer Lage BLÄTTERTEIG 8-10 Kreise ausstechen. Eine eingefettete Muffinform damit auskleiden und die Füllung auf dem Teig verteilen.

4. **25 Minuten im 175 °C heißen Backofen backen,** bis die Eier gestockt sind und der Teig am Rand leicht gebräunt ist.

Warm genießen.

Diese Tortilla findet man in jeder Tapas-Bar, sie wird in ganz Spanien als vegetarisches Gericht angeboten. Traditionell wird sie nur aus Eiern, Kartoffeln und Zwiebeln hergestellt, ich gebe aber gerne noch etwas Mangold dazu.

Tortilla Española
MIT SCHNITTMANGOLD

3 kleine rote Kartoffeln & 1 kleine rote Zwiebel in hauchdünne Scheiben schneiden (am besten mit einer Mandoline).

Beides in eine beschichtete Kasserolle geben, mit Salz & Pfeffer würzen und bei geringer Hitze unter häufigem Wenden etwa 15 Minuten in 3 EL Olivenöl braten. 2 große Mangoldblätter in feine Streifen schneiden und unter die Kartoffeln mischen. Den Deckel auflegen und den Mangold in etwa 2 Minuten zusammenfallen lassen. Dann den Herd ausschalten.

In einer Rührschüssel 6 Eier kräftig mit Salz & Pfeffer verrühren und die Kartoffelmischung untermengen. Eventuelle dunkle Bratrückstände aus der Kasserolle entfernen. 2 EL Olivenöl hineingeben (der Boden sollte mit Öl bedeckt sein) und bei geringer Hitze heiß werden lassen. Die Kartoffel-Ei-Mischung hinzufügen und zugedeckt 5–8 Minuten braten. Mit einem Pfannenwender prüfen, ob die Tortilla unten schon braun wird. Einen großen Teller umgedreht auf die Kasserolle legen und die Tortilla auf den Teller stürzen. Die Tortilla wieder in den Topf gleiten lassen und ohne Deckel noch etwa 3 Minuten auf der anderen Seite braten. Die Tortilla wie eine Torte aufschneiden und heiß servieren.

Empanadas mit Fleischfüllung werden im Norden Spaniens häufig als Tapas angeboten. Man kann sie aber auch mit jeder Art von Gemüse und als süße Variante sogar mit Früchten und Nüssen füllen.

Empanadas mit Pilzfüllung

2 Portobello-Hüte
1/2 Zwiebel
2 Knoblauch-
zehen

1. In Würfel schneiden und 10 Minuten bei geringer bis mittlerer Hitze in 3 EL Olivenöl anschwitzen. 75 g Sultaninen dazugeben und alles weitere 10 Minuten braten, bis die Pilze weich sind & die anfallende Flüssigkeit weitgehend verdampft ist.

2. Die Pfanne vom Herd nehmen & etwa 50 g in Streifen geschnittenen würzigen Cheddar einrühren. Etwas abkühlen lassen.

3. Aus fertig gekauftem Mürbeteig 2 Kreise (23 cm ø) ausrollen und diese vierteln. Etwas von der Pilzmischung auf eine Seite der Dreiecke geben, die andere Hälfte darüberschlagen und den Teig am Rand gut zusammendrücken. Die Empanadas auf einem Backblech verteilen und mehrfach mit einer Gabel einstechen.

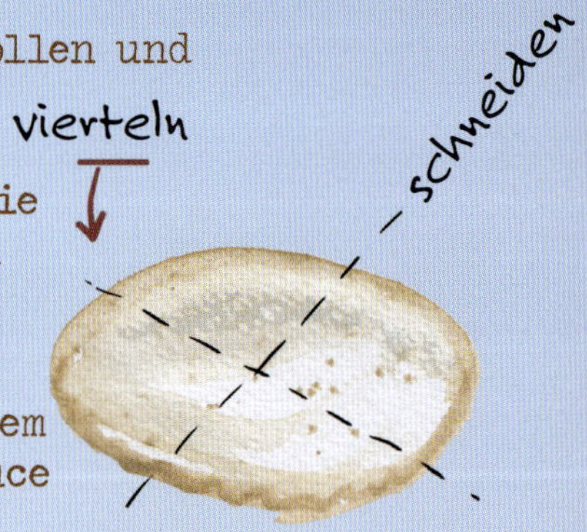

vierteln

schneiden

4. Die Empanadas 15–20 Minuten im 190 °C heißen Backofen backen, bis sie goldbraun sind. Einfach so oder mit einem Dip (z. B. Joghurt, nach Belieben mit einer scharfen Sauce verfeinert) genießen.

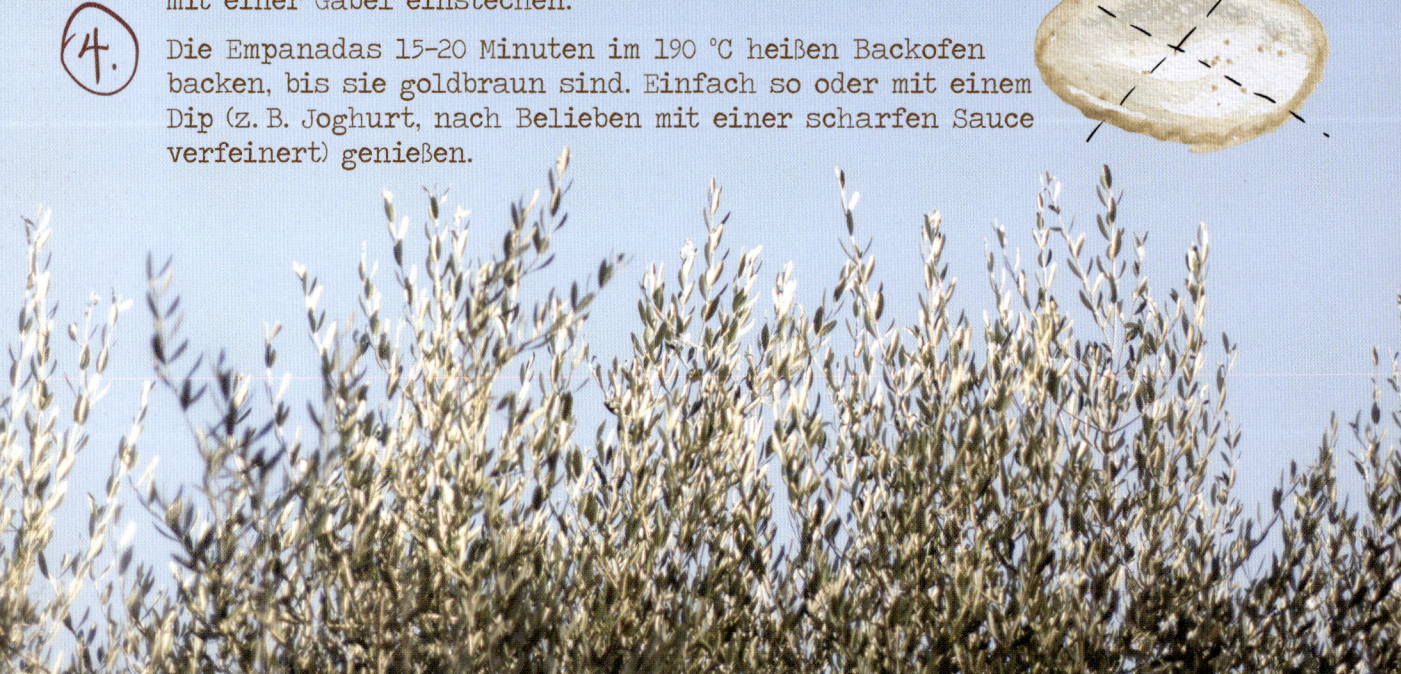

In unmittelbarer Nähe unserer Unterkunft in Antibes fand täglich ein Markt statt, auf dem wir regelmäßig einkaufen gingen. An manchen Tagen stellte man dort einen mobilen Backofen auf, in dem leckere Kichererbsenpfannkuchen gebacken wurden. Dieses gesunde, glutenfreie Streetfood ist eine Spezialität dieser Region. Die Pfannkuchen werden einfach so, nur mit schwarzem Pfeffer bestreut, gegessen. Ich habe hier noch Rosmarin hinzugefügt, der in der Gegend in Hülle und Fülle wächst. In Italien gibt es übrigens ein ganz ähnliches Gericht, das dort Farinata heißt.

Socca mit Rosmarin

90 g Kichererbsenmehl
240 ml warmes Wasser
2 EL Olivenöl
1 TL frisch gehackter Rosmarin
1 Prise Salz

verrühren & 30 Minuten ruhen lassen.

Inzwischen

den Backofen auf 230 °C vorheizen und eine kleine gusseiserne Kasserolle (28 cm ⌀) hineinstellen. Wenn der Teig ausreichend geruht hat, vorsichtig 2 EL Olivenöl in die Kasserolle geben und danach den Teig hineingießen. Den Pfannkuchen 10–12 Minuten backen, bis er fest ist. Wie eine Torte aufschneiden, mit schwarzem Pfeffer übermahlen und warm servieren. Noch besser schmeckt der Teig, wenn man ihn mit Pesto, Konfitüre oder einem cremigen Käse (siehe z. B. Seite 126) bestreicht. Und er eignet sich auch hervorragend als glutenfreier Pizzaboden.

Antibes, Frankreich

Hier und rechts:
Socca auf dem
Markt in Antibes,
Frankreich

Antibes, Frankreich
Links: Dinge, die wir
auf dem Markt in
Antibes kauften

Im Restaurant Le Tilleul in Saint-Paul-de-Vence bekamen wir einen Salat mit knusprigen Ziegenkäsetaschen, der mich zu dem Rezept auf Seite 78 inspiriert hat.

163

Die geflieste Outdoor-Küche der Villa, in der wir in Sizilien logierten

PASTA

Ein Highlight während meines Aufenthalts in Italien war ein Pasta-Kochkurs bei Luca Sturlese in einer Kochschule namens A Piè de Campu in Manarola, wo ich lernte, verschiedene Pastasorten von Hand herzustellen (siehe Seite 168). Dort bereiteten wir auch die traditionelle ligurische Walnusssauce mit Majoran zu (siehe Seite 23).

Als wir wieder zu Hause waren, habe ich ein paar Freunde zu einer Pasta-Party eingeladen. Wir tranken italienischen Wein und bereiteten gemeinsam ein Pistazienpesto (siehe Seite 23) für die Pasta zu.

FRISCHE EIERNUDELN

(Mehl, Eier + Salz – sonst nichts!)

1. 250 g Mehl & ½ TL Salz in einer Schüssel mischen. In die Mitte eine Mulde hineindrücken und 4 große Eier hineinschlagen.

2. Die Eier langsam mit einer Gabel verrühren und dabei nach und nach das Mehl untermischen.

3. Den Teig mit den Händen zu einer Kugel formen (es macht nichts, wenn er nicht ganz glatt ist) & mindestens 8 Minuten (ich stelle mir immer den Küchenwecker) auf einem leicht bemehlten Küchenbrett durchkneten. Fühlt er sich klebrig an, noch etwas Mehl hinzufügen. Ist er zu trocken, die Hände beim Kneten mit Wasser befeuchten. Er sollte sich relativ leicht kneten lassen und sich weich und elastisch anfühlen.

4. Den Teig anschließend erneut zu einer Kugel formen, in Frischhaltefolie einschlagen & 30 Minuten ruhen lassen.

5. Die Teigkugel vierteln und die Portionen nacheinander auf der bemehlten Arbeitsfläche möglichst dünn ausrollen. Den Teig auf beiden Seiten mit Mehl bestauben, einmal zusammenfalten und erneut ausrollen. Dann in der entgegengesetzten Richtung zusammenfalten & ausrollen und den Vorgang so lange wiederholen, bis der Teig relativ dünn ist. Dabei immer wieder mit Mehl bestauben.

Falten & weiter ausrollen

+ mit Mehl bestauben

6. Die dünn ausgerollten Teigplatten jeweils wie eine Biskuitroulade zusammenrollen und in sehr dünne Scheiben schneiden. Diese entrollen & 3-4 Minuten in Salzwasser kochen. Die Nudeln mit Ihrer Lieblingssauce oder einfach mit Olivenöl, Salz, Pfeffer, Parmesan & Chiliflocken servieren.

In Genua stellten wir fest, dass man Pesto alla genovese eigentlich nur mit einer bestimmten Art von Spiralnudeln, den sogenannten Trofie, isst. Wir probierten diese Pasta zum ersten Mal im Restaurant Il Genovese in der Nähe der Piazza Colombo, wo wir das Glück hatten, zwischen all den vielen Einheimischen, die dort ihr Mittagessen einnahmen, noch einen Tisch zu ergattern. Ich habe meine Variante mit ein paar zusätzlichen Zutaten angereichert.

TROFIE MIT PESTO

Kochen Sie

- 225 g Trofie mit
- 280 g kleinen halbierten Kartoffeln (die Hälften sollten etwa 2,5 cm groß sein).

Nach etwa 10 Minuten sollten die Kartoffeln so weich sein, dass man mühelos mit einer Gabel hineinstechen kann, und die Pasta sollte al dente sein.

Den Herd dann ausschalten und 165 g in Stücke geschnittene grüne Bohnen untermischen. Den Deckel auflegen & das Gericht 1 Minute ziehen lassen.

Den Topfinhalt abgießen, mit 60 g Pesto (fertig gekauft oder selbst gemacht) mischen und das Gericht heiß servieren.

Risotto von Orzo-Nudeln

Für 4 Personen als Beilage

1. 2 EL Butter in einer großen Kasserolle zerlassen.

2. 180 g Orzo-Nudeln dazugeben & so lange rühren, bis sie mit der Butter überzogen sind.

3. 480 ml Gemüsebrühe angießen & die Nudeln 10 Minuten unter gelegentlichem Rühren köcheln lassen, bis sie al dente sind und die Brühe aufgesaugt ist. Bei Bedarf noch etwas Brühe hinzufügen.

2 Minuten vor Ende der Kochzeit 5 in dünne Scheiben geschnittene grüne Spargelstangen unterrühren.

4. Den Topf vom Herd nehmen & folgende Zutaten hinzufügen:

{
30 g geriebenen Parmesan
2 TL Olivenöl
abgeriebene Schale von
1 Bio-Zitrone
etwas Salz & Pfeffer

Heiß servieren.

Manarola, Italien

SPAGHETTI
mit Linsen-»Fleischbällchen«

Ergibt etwa 15 Bällchen
Für 5 Personen

Fleischbällchen werden in den Mittelmeerländern ganz unterschiedlich zubereitet und serviert. Die spanischen Albondigas werden gelegentlich als Tapas mit Zahnstochern in einer Sauce serviert. Die italienischen Polpette können einfach so gegessen werden, gelegentlich findet man sie aber auch als Suppeneinlage. Und hier ist meine fleischlose Version der Fleischbällchen.

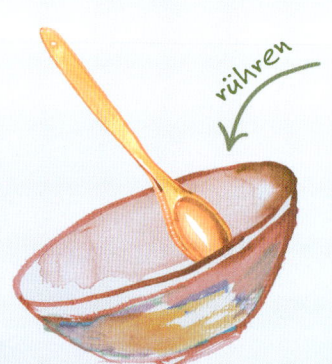

rühren

LINSEN 265 g braune Linsen, gekocht

PANIERMEHL 50 G

EI 1 großes Ei

KNOBLAUCH ½ TL Knoblauchpulver oder 2 fein gehackte Knoblauchzehen

CHILIFLOCKEN 1 kräftige Prise, gekocht

SALZ einige Prisen koscheres Salz

PFEFFER ein paar Umdrehungen der Pfeffermühle

Die Zutaten sorgfältig miteinander vermengen und etwa 15 Bällchen mit 2,5 cm Durchmesser aus der Mischung formen. Reichlich Olivenöl in einer Pfanne erhitzen und die Bällchen bei geringer bis mittlerer Hitze darin braten, bis sie rundherum gebräunt sind. Ich serviere sie heiß auf Spaghetti mit Marinara-Sauce und mit frischem Thymian bestreut. Sie eignen sich aber auch hervorragend als Appetithäppchen mit Marinara-Sauce zum Dippen.

Toledo, Spanien

Pasta mit Roter Bete

Kochen Sie 225 g Pasta (ich habe hier lange Fusilli verwendet).

Reiben Sie 1 kleine Rote Bete (die Schale muss nicht entfernt werden).

Gießen Sie die Pasta ab und füllen Sie sie sofort wieder in den heißen Topf.

Mischen Sie die Pasta mit der geriebenen Roten Bete, dem Saft von ½ Zitrone, 50-60 g Ziegenkäse, 2 EL Olivenöl, Salz & Pfeffer.

Vor dem Servieren
mit frischen Kräutern, z. B. Petersilie, bestreuen.

Castelbuono, Sizilien

PAPPARDELLE
~ mit Rosenkohl ~

① Schneiden Sie

225 g Rosenkohl in sehr feine Streifen.

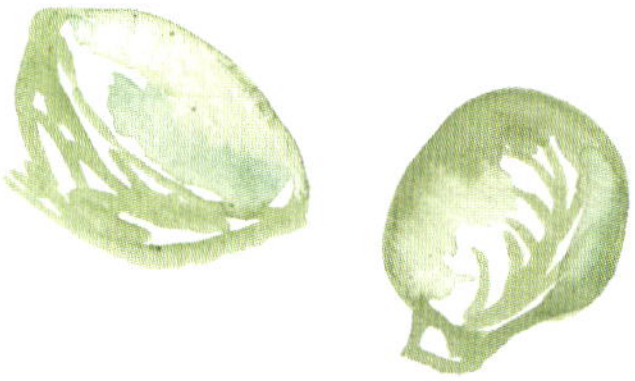

② Braten Sie

den Rosenkohl 3-5 Minuten unter häufigem Rühren bei geringer bis mittlerer Hitze in etwa 2 EL Olivenöl, bis er weich, aber noch bissfest ist. Mit je 1 Prise Salz & Pfeffer würzen.

③ Mischen Sie

den Rosenkohl mit 225 g gekochten Pappardelle, etwas Olivenöl, Salz & Pfeffer. Mit gehobeltem Pecorino bestreuen und heiß servieren.

Cefalù, Sizilien

Blumenkohl-Gnocchi-Auflauf

1 kleiner Kopf Blumenkohl
in Röschen zerteilt

Gnocchi
480 g

Parmesan
100 g, gerieben

Den Blumenkohl 3 Minuten in reichlich Wasser kochen. Dann die Gnocchi dazugeben und das Ganze weitere 2 Minuten kochen lassen, bis die Gnocchi an die Oberfläche steigen. Den Topfinhalt abgießen, sofort wieder in den heißen Topf füllen & 70 g Parmesan, 2 EL Butter, 2 TL Olivenöl, etwas frisch gemahlenen schwarzen Pfeffer sowie einige Prisen Salz unterrühren. Die Mischung gleichmäßig in einer Auflaufform (20 × 20 cm) verteilen, mit dem restlichen Parmesan (30 g), Salz & Pfeffer bestreuen und 3 Minuten unter dem Backofengrill goldbraun überbacken.

Heiß servieren.

Cinque Terre, Italien

Als wir in Taormina waren, nahmen wir unser Mittagessen am Corso Umberto, der Flaniermeile der sizilianischen Stadt, ein. Ich bestellte mir Pasta alla Norma, ein sizilianisches Pastagericht mit Auberginen. Es war mit einer dicken Tomatensauce überzogen und mit einem wundervollen, in Späne gehobelten reifen Ricotta salata garniert. Die Sauce habe ich hier durch frische Tomaten ersetzt.

Pasta alla Norma

(1). Kochen Sie → 225 g Rigatoni nach Packungsanweisung.

(2). Schneiden Sie → 1 Aubergine in 3 cm große Würfel. Diese salzen & etwa 10 Minuten bei mittlerer Hitze in 60 ml Olivenöl braten, bis sie weich und leicht gebräunt sind.

(3). Geben Sie → 180 g halbierte Kirschtomaten & 1 gehackte Knoblauchzehe dazu und braten Sie das Ganze weitere 2 Minuten. Mit den Nudeln vermengen.

Untermischen:

{ 10 g gehacktes Basilikum
20 g in Späne gehobelten Ricotta salata
Olivenöl, Salz & Pfeffer

Taormina, Sizilien

Gebratene Ricotta-gnocchi

etwa 500 g Vollmilch-Ricotta
2 Eier
100 g Parmesan, gerieben
125 g Mehl
1 Prise Salz

mit Mehl bestäuben

2,5 cm

Die Zutaten in einer Schüssel zu einem Teig verrühren. Ist der Teig klebrig, noch etwas Mehl hinzufügen.

Den Teig zu einer Rolle formen & in 2,5 cm breite Stücke schneiden.

Salzwasser in einem Topf zum Kochen bringen & die Gnocchi darin portionsweise etwa 3 Minuten kochen, bis sie an die Oberfläche steigen. Herausheben und trocken tupfen. Inzwischen 2 EL Butter in einer Pfanne zerlassen. Die Gnocchi unter gelegentlichem Wenden in der Butter goldbraun braten. Mit Olivenöl beträufeln, mit Schnittlauchröllchen, Salz & Pfeffer bestreuen oder mit Ihrer Lieblingssauce servieren.

Pasta e fagioli (Pasta mit Bohnen) ist ein beliebtes italienisches Gericht. In der Regel wird es mit weißen Bohnen zubereitet, es eignet sich aber auch jede andere Bohnensorte. Bohnen sind gute Eiweißlieferanten und machen das Gericht besonders sättigend. Die Zitronenschale sorgt für eine einzigartige frische Note.

Für 4 Personen
als Beilage

PASTA e FAGIOLI
mit Zitrone

1 Bio-Zitrone, am besten mit einer Mandoline, in sehr dünne Scheiben schneiden und diese dann vierteln, so dass kleine Dreiecke entstehen. Die Dreiecke 2 Minuten in kochendem Wasser blanchieren & mit einem Schaumlöffel aus dem Topf heben. Das Wasser am Kochen halten.

225 g Orecchiette in das kochende Wasser geben und nach Packungsanweisung kochen (etwa 8 Minuten).

Inzwischen die Zitronenstücke in einer Kasserolle etwa 5 Minuten bei geringer bis mittlerer Hitze in 1 EL Butter goldbraun braten & mit Salz würzen.

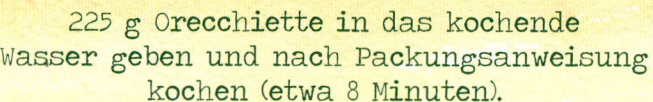

Sobald die Pasta gar ist, den Herd ausschalten. 1 Dose (430 g) abgetropfte Cannellini-Bohnen zu den Nudeln geben & warm werden lassen. Den Topfinhalt dann abgießen.

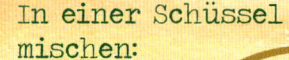
In einer Schüssel mischen:

die gebratenen Zitronenstücke
die heiße Pasta mit den Bohnen
50 g geriebenen Parmesan
2 EL Olivenöl
Saft & abgeriebene Schale von 1 Bio-Zitrone
Salz & Pfeffer

Mit Parmesan, Salz & Pfeffer bestreuen, nach Belieben mit Chili-Öl (siehe Seite 22) beträufeln und sofort servieren. Wer mag, kann noch etwas angedünsteten Mangold unter das fertige Gericht mischen.

In Madrid streiften Jonathan und ich eines Abends durch verschiedene Tapas-Bars im angesagten Viertel La Latina. In einer dieser Bars bestellten wir uns verschiedene Gerichte, darunter auch diese Mini-Lasagne, die in einer kleinen Auflaufform serviert wurde und die ich vorher noch nie auf einer Speisekarte gesehen hatte. Ein köstlicher, sättigender Snack und genau die richtige Grundlage für ein paar Drinks.

Mini Lasagne mit Artischocken

Ergibt 4 Stück

SIE BENÖTIGEN:

240 ml Marinara-Sauce
170 g frischen Mozzarella, in Scheiben geschnitten
4 EL gehackte Artischockenherzen aus dem Glas
4 Lasagneblätter (eine Sorte, die nicht vorgekocht werden muss), in Stücke gebrochen
50 g Parmesan, gerieben

Die Böden von 4 Auflaufförmchen (9 cm ø) mit je 1 EL Marinara-Sauce bedecken, dann alle Zutaten, bis auf den Parmesan, abwechselnd hineinschichten. Achten Sie darauf, dass Sie drei Schichten Lasagneblätter haben und dass das letzte Lasagneblatt mit Sauce bedeckt ist.

25–30 Minuten im 190 °C heißen Backofen backen.

Vor dem Servieren etwas abkühlen lassen & mit dem Parmesan, frischem Basilikum, Salz & Pfeffer bestreuen.

Während meines Kunststudiums in Italien waren Spaghetti aglio e olio mein absolutes Lieblingsgericht. Hier habe ich es mit Zitrone und Mangold angereichert. Vollkornpasta bekommt man in italienischen Restaurants nur selten. Für ein ganz normales Abendessen ist diese gesündere Variante aber geradezu perfekt.

Spaghetti mit Mangold & Knoblauch

anschwitzen

① **Kochen Sie** 225 g Vollkornspaghetti nach Packungsanweisung.

② **Schneiden Sie** 5 Mangoldblätter (mit Stielen) in sehr feine Streifen & schwitzen Sie sie bei mittlerer Hitze mit 4 gehackten Knoblauchzehen 2-3 Minuten in Olivenöl an, bis sie zusammengefallen sind. Den Herd ausschalten.

③ **Gießen Sie** die Pasta ab, geben Sie sie zum Mangold & rühren Sie den Saft von ½ Zitrone, 2 EL geriebenen Parmesan, 1 Prise Chiliflocken, etwas Olivenöl, Salz & Pfeffer unter.

Heiß mit Zitronenspalten, Salz & Pfeffer servieren.

Gibilmanna, Sizilien

Der Wanderweg, der die einzelnen Orte der
Cinque Terre verbindet, führte an terras-
sierten Weinbergen und Olivenhainen vorbei,
wo gerade die Ernte in vollem Gange war.
Zum Mittagessen kehrten wir im Restaurant
A Cantina da Mananan in Corniglia ein, wo
wir Pasta mit der typisch ligurischen
Walnusssauce (rechts unten &
Rezept Seite 23) aßen.

Cinque Terre, Italien

Castelbuono, Sizilien
(diese & gegenüber-
liegende Seite)

GEMÜSEBEILAGEN

Sizilien, Italien

Während unseres Aufenthalts im sizilianischen Cefalù fuhren wir mit dem Auto durch die nahe gelegenen Bergorte und kehrten auf einem Bauernhof mit angeschlossenen Ferienwohnungen (siehe unten) in der Nähe von Castelbuono zum Essen ein. An diesem Dezembertag waren wir die einzigen Mittagsgäste, und das Essen wurde direkt vor unseren Augen aus Zutaten aus eigener Erzeugung zubereitet. Auch der Wein stammte aus eigener Produktion. Unter den verschiedenen Gerichten, die man uns servierte, war auch ein Zucchinigericht mit Käse und Kräutern, das mich zu diesem Rezept inspiriert hat. Nach dem Essen machten wir noch einen Spaziergang durch den hinter dem Haus gelegenen Zitronenhain.

gebackene ZUCCHINI

① Schneiden Sie

3 Zucchini der Länge nach in 6 mm dicke & 7,5 cm lange Scheiben.

② Wenden Sie

die Scheiben in 2 verquirlten Eiern und danach in einer Mischung aus jeweils 50 g Paniermehl & 50 g geriebenem Parmesan.

③ Verteilen Sie

die Scheiben auf einem mit Öl eingefetteten Backblech & bestreuen Sie sie mit Salz, Pfeffer, Knoblauchpulver & Parmesan. Anschließend 15 Minuten im 220 ℃ heißen Backofen goldbraun & knusprig backen und heiß mit Petersilie bestreut und/oder mit Marinara-Sauce servieren.

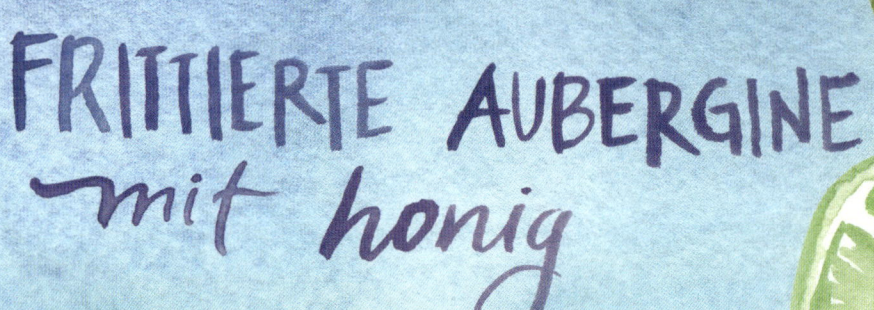

FRITTIERTE AUBERGINE
mit honig

Aubergine

in 2,5 cm dicke Scheiben schneiden,
diese vierteln & bei mittlerer Hitze
unter gelegentlichem Wenden etwa
10 Minuten in einer großen Kasserolle
in reichlich Olivenöl (etwa 120 ml)
frittieren, bis sie goldbraun und
knusprig sind.

Die Stücke auf eine Platte geben
und mit folgenden Zutaten bestreuen
bzw. beträufeln:

- **Limettenschale** von 1 kleinen Bio-Limette
- **Honig** etwa 1 EL
- **Salzflocken** z. B. Maldon-Salzflocken

Besonders gut hat uns das Essen in Barcelona im Restaurant Tapeo im historischen
Viertel El Born geschmeckt, das uns Freunde empfohlen hatten. Ganz vorzüglich
fand ich ein Auberginengericht mit Honig und Limette, das ich später nachzukochen
versucht habe. Die Geschmackskombination ist einfach wundervoll! Ein ähnliches
Gericht stand in einem anderen unserer Lieblingsrestaurants, der Lolita Taperia,
auf der Speisekarte. Hier verwendete man Melasse anstelle von Honig und verzich-
tete auf die Limette. Beide Gerichte wurden mit Zahnstochern als Tapas serviert.
Meine Variante können Sie jedoch genauso gut als Gemüsebeilage reichen.

GRATINIERTE TOMATEN
mit aubergine & jungem Grünkohl

3 Eiertomaten

175 g junger Grünkohl

1 Aubergine

DIE TOMATEN halbieren & mit der Schnittfläche nach oben auf einem Backblech
verteilen. Jede Hälfte mit etwa 2 TL geriebenem Parmesan & mit Pfeffer bestreuen
und 2–3 Minuten unter dem Backofengrill
goldbraun überbacken.

DEN GRÜNKOHL mit etwas Olivenöl, 1 Prise
Salz und einem Schuss Wasser in eine Pfanne
geben und zugedeckt in 2–3 Minuten zusammenfallen lassen. Dabei gelegentlich
umrühren.

DIE AUBERGINE der Länge nach in 6 Spalten
schneiden. Mit der Schale nach unten auf
ein mit Öl eingefettetes Backblech legen,
großzügig mit Olivenöl beträufeln, mit ein
paar Prisen Salz & Pfeffer bestreuen und
25–30 Minuten im etwa 200 °C heißen Backofen
backen, bis die Spalten weich und leicht
gebräunt sind.

Diese bunte Gemüseplatte eignet sich gut als Beilage
zu allen möglichen Vorspeisen. Warm oder lauwarm
mit Romesco-Sauce (siehe Seite 23) oder Marinara-Sauce
servieren.

WINTERGEMÜSE mit Kräutern der Provence

Unter »Kräuter der Provence« oder »Herbes de Provence« versteht man eine getrocknete Kräutermischung mit typisch provenzalischen Kräutern wie Rosmarin, Thymian, Oregano & Lavendel. Sie ist eigentlich überall erhältlich, und ich verwende sie besonders gern zum Verfeinern von Wintergemüse.

ROSENKOHL 270 g, geputzt & halbiert

BUTTERNUSSKÜRBIS ½ Kürbis (etwa 230 g), in 2,5 cm große Würfel geschnitten

ROTE ZWIEBEL 1 kleine, in Spalten geschnitten

Das Gemüse auf einem Backblech verteilen, großzügig mit Olivenöl beträufeln und mit etwa 1½ TL Kräuter der Provence, Salz & Pfeffer bestreuen.

25–30 Minuten im 220 °C heißen Backofen rösten.

Saint-Paul-de-Vence, Frankreich

Süßkartoffeln mit FETA-DRESSING

1. 4 mittelgroße ungeschälte Süßkartoffeln in Würfel schneiden & diese auf einem Backblech verteilen. Großzügig mit Olivenöl beträufeln und mit Salz & Pfeffer würzen.

2. Die Kartoffeln 30 Minuten im 220 °C heißen Backofen backen, bis man mit einer Gabel mühelos hineinstechen kann.

3. Für das Dressing 2 EL Milch, 60 g zerkrümelten Feta, 1 EL Olivenöl, 2 TL Reisessig & 1 Prise geriebene Muskatnuss mit dem Stabmixer pürieren.

Die Süßkartoffeln mit dem Dressing überziehen & mit fein geschnittenen Frühlingszwiebeln bestreuen.

Warm oder lauwarm servieren.

Lagos, Portugal

SPAGHETTIKÜRBIS mit Parmesan & Pfeffer

Cacio e pepe (Käse & Pfeffer) ist ein einfaches italienisches Pastagericht, aus dem ich ein Gemüsegericht gemacht habe. Wichtig ist dabei, dass Sie mit reichlich frisch gemahlenem Pfeffer würzen und einen wirklich guten Parmesan verwenden.

1 mittelgroßen Spaghettikürbis (etwa 900 g) der Länge nach halbieren & die Kerne und Fasern entfernen. Die Hälften mit der Schnittfläche nach oben auf ein Backblech legen, mit Olivenöl beträufeln und mit Salz bestreuen.

1 Stunde im 190 °C heißen Backofen backen.

Für die Garprobe mit einer Gabel über das Fruchtfleisch fahren. Löst es sich in lange, an Spaghetti erinnernde Fäden auf, ist es gar. Ansonsten den Kürbis noch einige Minuten im Ofen lassen. Die Hälften anschließend mithilfe eines Geschirrtuchs herausnehmen und die »Nudeln« über einer Schüssel mit einer Gabel herauslösen.

Folgende Zutaten unter die heißen »Kürbisnudeln« mischen:
50 g geriebenen Parmesan
2 EL Olivenöl
1 EL Butter
reichlich schwarzen Pfeffer
Salz

Heiß servieren.

Monterosso, Sizilien

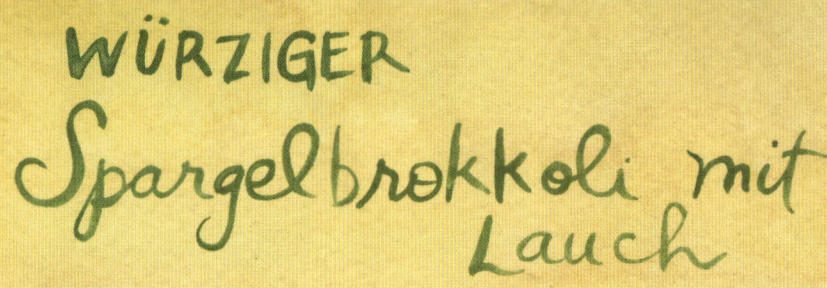

WÜRZIGER Spargelbrokkoli mit Lauch

① Schneiden Sie

den weißen Anteil von 2 großen Stangen Lauch mit dem Messer oder einer Mandoline in Ringe.

② Schwitzen Sie

den Lauch etwa 10 Minuten bei geringer bis mittlerer Hitze in 2 EL Olivenöl an, bis er etwas Farbe angenommen hat. 1 Bund Spargelbrokkoli (die Enden abge-schnitten), noch etwas Olivenöl, 2 gehackte Knoblauchzehen, 1 Prise Chiliflocken und den Saft von ½ Zitrone hinzufügen, mit Salz & Pfeffer würzen. Alles gut verrühren und 3–5 Minuten garen lassen, bis der Spargel-brokkoli eine leuchtend grüne Farbe angenommen hat.

③ Zum Servieren

das Gemüse auf einer Platte an-richten, mit etwas Salz, Pfeffer & Chiliflocken bestreuen und warm oder lauwarm genießen.

2 Knoblauchzehen

2 Stangen Lauch

1 Bund Spargelbrokkoli

Chiliflocken

½ Zitrone

Olivenöl

gerösteter Brokkoli mit Zwiebel

Auf einem Backblech verteilen:

2 Köpfe Brokkoli — in Röschen zerteilt

1 große rote Zwiebel — in mittelgroße Stücke geschnitten

Olivenöl — mindestens 2 EL, zum Beträufeln

Chiliflocken — etwa ¼ TL, zum Bestreuen

Knoblauch — 2 Zehen, gehackt

Salz & Pfeffer — einige Prisen

Das Gemüse 25 Minuten im 220 °C heißen Backofen rösten (dabei einmal wenden), bis es knusprig und an einigen Stellen schwarz ist. Sofort servieren, denn die Brokkoliröschen werden beim Abkühlen weich.

Die Fahrt zum Ätna führte an Weinbergen, Zitronen- und Orangenhainen und alten sizilianischen Bauernhöfen vorbei, die für ihren Honig berühmt sind - eine Zutat, die hier nicht nur in süßen, sondern auch in pikanten Speisen Verwendung findet. Nachdem wir die atemberaubende Aussicht vom schneebedeckten Gipfel des Vulkans genossen hatten, kehrten wir ans Meer zurück und beschlossen den Tag in dem Städtchen Santa Maria La Scala mit einem Spaziergang am Wasser bei Sonnenuntergang.

grüne Bohnen mit Honig & Balsamico

grüne Bohnen — 440 g, die Enden abgeschnitten und schräg in Stücke geschnitten

Knoblauch — 2 Zehen, gehackt

1. Die Bohnen 3-5 Minuten bei mittlerer Hitze in 1 EL Olivenöl braten, bis sie eine leuchtend grüne Farbe angenommen haben. Mit Salz & Pfeffer würzen, 1 EL Balsamicoessig & 1 EL Honig hinzufügen und die Bohnen unter Rühren etwa 1 Minute weiterbraten, bis sie damit überzogen sind. Auf einer Platte anrichten.

2. Mit Meersalz & folgenden Zutaten bestreuen:

Granatapfelkerne — 35 g

Pistazien — 30 g, gehackt & geröstet

Santa Maria La Scala, Sizilien

In unseren Aufenthalt in Barcelona fiel der Feiertag Todos los Santos (Allerheiligen), und Freunde, die dort leben, luden uns zu einer traditionellen Feier ein, bei der gebackene Süßkartoffeln, geröstete Maroni und Panellets (katalanische Marzipan-Kartoffel-Plätzchen) serviert wurden. Auf der Straße vor unserer Unterkunft hatte zur gleichen Zeit eine Frau ihren Stand aufgebaut, an dem sie Süßkartoffeln und Kastanien über heißen Kohlen röstete. Ich liebte diese Süßkartoffeln, die nach dem langen Garen unglaublich süß waren. Die Kastanien habe ich hier durch Haselnüsse ersetzt, die, wie ich finde, noch besser schmecken und auch leichter zu bekommen sind.

gebackene Süßkartoffeln mit Haselnüssen

Für 6 Personen

① 3 mittelgroße Süßkartoffeln waschen & mit einem Messer rundherum einstechen. Auf ein Backblech legen.

45–60 Minuten in 190 °C heißen Backofen backen.

Sie sind gar, wenn man mit einem Messer mühelos hineinstechen kann.

② Die Kartoffeln der Länge nach halbieren und das Fruchtfleisch rautenförmig einschneiden.

mit einem Messer einschneiden

③ Je 1 Stückchen Butter, Honig, etwas Zimt & gehackte Haselnusskerne daraufgeben.

Hier und links: Geröstete Süßkartoffeln & Maroni an einem Straßenstand in Barcelona, Spanien

Lissabon, Portugal
Links: Mittagessen im Nationalen Keramikmuseum in Lissabon

Taormina, Sizilien

Im Uhrzeigersinn von links oben: Eis in Italien; Palácio Nacional da Pena in Sintra, Portugal; Taormina, Sizilien; Cefalù, Sizilien

Cefalù, Sizilien

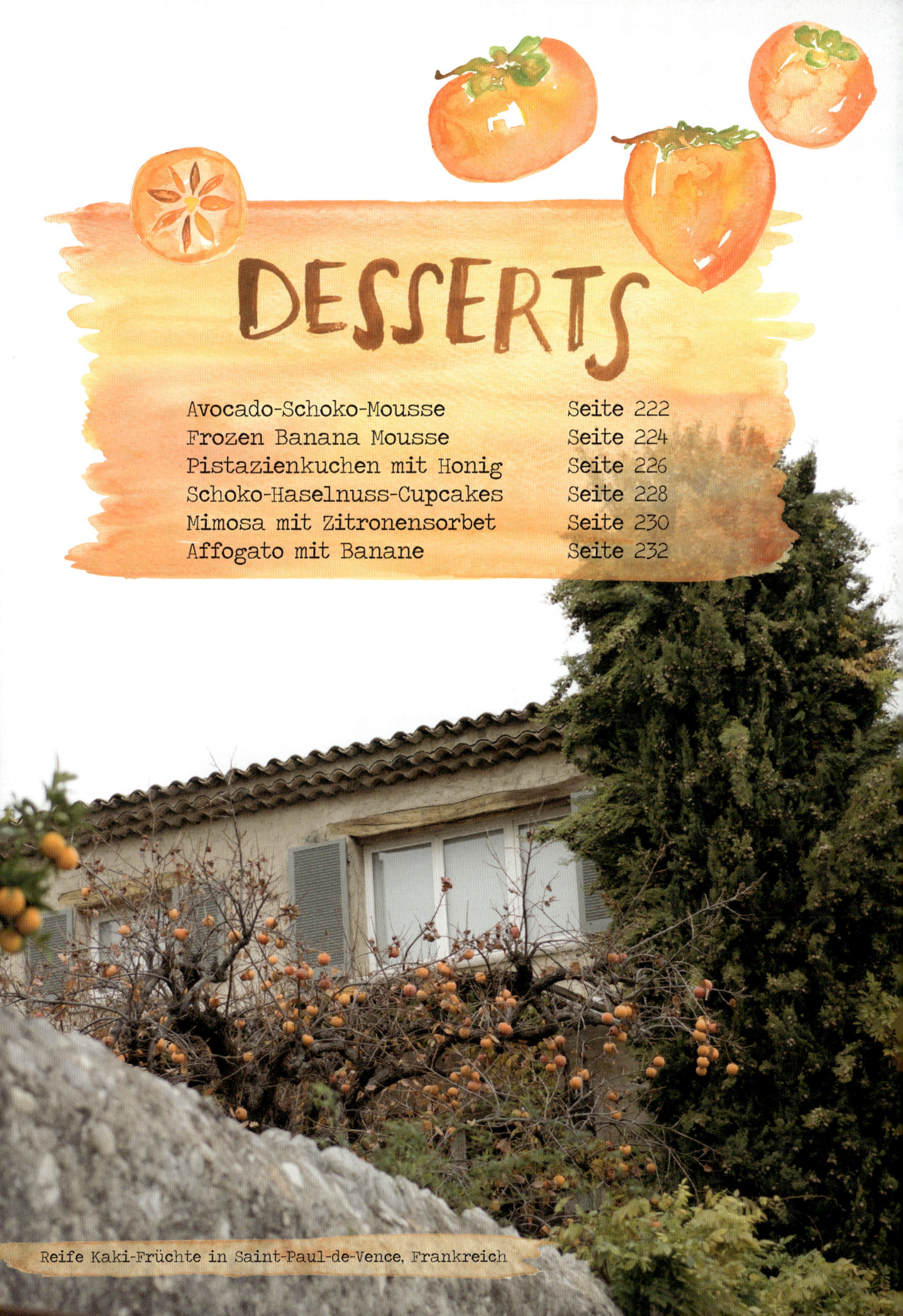

DESSERTS

Reife Kaki-Früchte in Saint-Paul-de-Vence, Frankreich

avocado-
SCHOKO-
mousse

Mousse au Chocolat war in Südportugal häufig auf den Speisekarten zu finden. Deshalb darf sie, wenn auch in einer inzwischen sehr populären veganen Variante, auch hier nicht fehlen.

AVOCADOS
Fruchtfleisch von 3 sehr reifen Avocados

KAKAOPULVER
50 g, ungesüßt

AHORNSIRUP
180 ml (oder Agaven-dicksaft)

Alles in der Küchenmaschine cremig rühren.

Die Mousse vor dem Servieren 1 Stunde kalt stellen. In Dessertschalen mit Meersalzflocken bestreut & mit einem Klecks Schlagsahne servieren.

FROZEN *Banana* MOUSSE

Banane pur!

Ein Restaurant im Süden Portugals bot die unterschiedlichsten Mousses an, darunter auch diese Bananen-Mousse. Gefrorene Mousses erfreuen sich derzeit in Amerika großer Beliebtheit. Die Zubereitung könnte nicht einfacher sein, und das Rezept kann nach Lust und Laune abgewandelt werden.

 4 reife Bananen schälen, in Stücke schneiden & einfrieren.

 Die gefrorenen Bananenstücke in der Küchenmaschine pürieren. Die Maschine anfangs einige Male kurz ausschalten und umrühren. Die Bananen dann so lange pürieren, bis eine sehr cremige Masse entstanden ist.

 Sofort servieren, damit die Mousse nicht schmilzt.

Vorschläge zum Verfeinern (die Zutaten untermixen oder darüberstreuen):

Zimt
Schokoladenchips
Kokosflocken
Haselnusskerne

Salema, Portugal

Pistazienkuchen mit Honig

Ergibt etwa 16 Stück

Die sizilianische Region Zafferana Etnea ist nicht nur bekannt für ihre Pistazien, sondern auch für ihren Honig. Als wir die Gegend besuchten, fuhren wir mit der Seilbahn auf den Ätna, der immer noch aktiv ist und von dessen Gipfel man eine sensationelle Aussicht auf die umliegende Landschaft hat. Vulkangestein ragte aus dem Schnee heraus und in der Ferne funkelte das Meer. Die Küche der Berghütte, in der auch der heimische Honig nicht zu kurz kam, war außerordentlich schmackhaft. Mein Favorit war der Pistazienhonig, der mich zu diesem Dessert inspiriert hat.

Mahlen Sie 95 g geröstete & gesalzene Pistazien in der Küchenmaschine. 30 g abnehmen und beiseitestellen.

Fügen Sie 100 g Zucker, 3 EL Honig, 250 g Mehl und 225 g kalte, in Stücke geschnittene Butter hinzu und verarbeiten Sie alles zu einem krümeligen Teig.

Füllen Sie den Teig in eine quadratische Backform (20 × 20 cm), drücken Sie ihn gut an und glätten Sie die Oberfläche mit einer kleinen Tasse, die Sie wie ein Nudelholz benutzen.

Backen Sie den Kuchen 30 Minuten im 175 °C heißen Backofen und bestreuen Sie ihn danach mit den restlichen Pistazien und 1 Prise Salz. Zum Schluss etwas Honig darüberträufeln, den Kuchen 10 Minuten abkühlen lassen und in 5 cm große Quadrate schneiden.

Der Ätna auf Sizilien

Zum ersten Mal bin ich der Kombination von Schokolade und Haselnuss »verfallen«, als ich ein Jahr in Italien lebte, um dort Kunst zu studieren. In diesem Jahr habe ich Unmengen Gianduja-Eis gegessen. Auch die Nussnugatcreme habe ich damals entdeckt, und wann immer ich diese Creme heute esse, fühle ich mich sofort in jene Zeit zurückversetzt. Kuchen backe ich für gewöhnlich nur, wenn sie einfach zu machen sind. Und da ist dieses Rezept mit nur fünf Zutaten genau das Richtige.

Schoko-Haselnuss-Cupcakes

In einer Schüssel verrühren:

240 g Nussnugatcreme

65 g Mehl

2 Eier

Den Teig auf 4 mit Öl eingefettete Auflaufförmchen (9 cm ø) verteilen und 18 Minuten im 175 ℃ heißen Backofen backen (der Teig sollte innen noch etwas flüssig sein). 1 Minute abkühlen lassen, dann mit einem Klecks Nussnugatcreme garnieren und mit gehackten Haselnusskernen & 1 Prise Salzflocken oder koscherem Meersalz bestreuen.

✳ Warm genießen.

Taormina, Sizilien

mimosa
mit
Zitronensorbet

Für 1 Person

① 1.

Einige Teelöffel Zitronen-
sorbet (ich verwende anstelle
des Teelöffels einen Kugel-
ausstecher) in eine Sektflöte
geben und mit einem moussie-
renden Roséwein aufgießen.

② 2.

Mit 1 kleinen Zweig Minze &
1 Zitronenspirale garnieren
und sofort genießen.

einschneiden

Für die Zitronenspirale die
Schale von einer Zitronenscheibe
vorsichtig abtrennen, spiralförmig
um einen sauberen Stift wickeln
und die Spirale danach vom Stift
abziehen.

abtrennen

aufwickeln

abziehen

In Italien habe ich meine Mahlzeiten am liebsten mit einem Affogato, einem Espresso, der über Eiscreme gegossen wird, beschlossen. Ein Dessert, das man allerdings schnell genießen muss, sonst schmilzt das Eis dahin. Einen entkoffeinierten Kaffee zu bestellen, ist vermutlich sehr amerikanisch, und dass ein Italiener Bananen in seinen Affogato geben würde, halte ich für recht unwahrscheinlich. Aber ich finde, es schmeckt einfach köstlich.

1. AFFOGATO mit Banane

Für 1 Person

Ein paar Bananenscheiben auf dem Boden eines Glases verteilen.

2. 2 Kugeln Schokoladeneis daraufgeben.

3. Mit 60 ml heißem Espresso oder starkem Kaffee übergießen.

Genua, Italien

Monterosso al Mare, Italien

Lissabon, Portugal

Mediterrane DINNERPARTY

Als wir wieder zu Hause waren, wollte ich unbedingt einige meiner Lieblingsgerichte von der Reise nachkochen und Freunde dazu einladen.

Menü

Für den Aperol Spritz haben wir eine eher traditionelle Garnitur, bestehend aus 1 Orangenspirale & 1 grünen Olive, gewählt.

Dekorieren Sie das Büfett und den Esstisch mit Arrangements aus Zitronen und frischen Kräutern. Ich habe Lavendel, Dillblüten, Rosmarin & ein paar Souvenirs miteinander kombiniert.

Selbst gebasteltes Pan-con-tomate-Brett

Wir verteilten das Büfett auf mehrere Tische. Dadurch wirkte das Ganze zwangloser. Mit Ausnahme des Auflaufs, den Sie bis zum Servieren im Backofen warm halten müssen, können alle Gerichte zimmerwarm serviert werden.

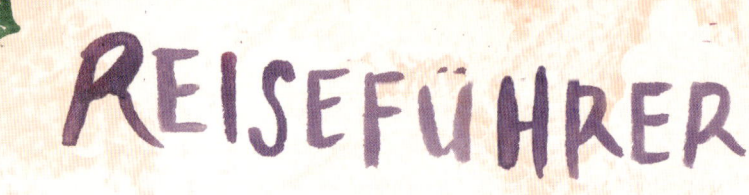

REISEFÜHRER

Hier finden Sie einige besonders bemerkenswerte Orte, die wir auf unserer Reise im Herbst 2017 kennengelernt haben (siehe auch unsere Reiseroute auf Seite 15).

SPANIEN

In Spanien besuchten wir Barcelona und Madrid. Das Viertel, das uns in Barcelona besonders gefiel, war Eixample. Es liegt etwas außerhalb des geschäftigen Zentrums in der Nähe von El Poble-sec. Von Barcelona aus unternahmen wir Ausflüge nach Girona, Sitges und an die Costa Brava. In Madrid logierten wir im Barrio de Salamanca, von wo aus wir mit der Bahn einen Tagesausflug nach Toledo machten.

BARCELONA:
Am besten gegessen haben wir in der Lolita Taperia, im Picnic, im Café Flanders (hier kann man auch draußen sitzen), im Tapeo (ausgezeichnete Tapas), im La Tasqueta de Blai, im Taranné Café und in der Bar Calders. Wollen Sie nur einen Drink nehmen, können wir Ihnen die Xixbar (Gin-Cocktails) und das Lambicus (Bier) empfehlen. Im Malasaña (hier gibt es auch einen Spielplatz) ganz in der Nähe unseres Apartments haben wir abends oft bei einem Drink und Patatas bravas im Freien gesessen.
Wer sich für Gaudí interessiert, dem sei der Park Güell (Seite 34 und 71) und die Casa Batlló (Seite 130) empfohlen. Gerne sind wir auch durch die weitläufigen Parkanlagen des Montjuïc geschlendert. Dort können Sie das Miró-Museum und das MNAC (Museu Nacional d'Art de Catalunya) besuchen, mit der Seilbahn zum Gipfel fahren und nach Einbruch der Dunkelheit die fantastische Springbrunnen-Show der Font Màgica bewundern. An heißen Tagen hielten wir uns gerne am Strand in Barceloneta auf, und an einem Abend haben wir uns ein Fußballspiel im Camp-Nou-Stadion angesehen (ein aufregendes kulturelles Ereignis!). Von Barcelona aus unternahmen wir Tagesausflüge mit der Bahn zum Kloster Santa Maria de Montserrat (Seite 136), nach Girona (Seite 14; gehen Sie zum Mittagessen ins Federal Café) und nach Sitges (Seite 134). Mit einem Mietwagen fuhren wir an die Costa Brava, wo wir in dem hübschen mittelalterlichen Örtchen Besalú übernachteten, uns die Küstenstädte ansahen und bei Sonnenuntergang am Meer in Calella de Palafrugell einen Drink nahmen. An der Costa Brava wäre ich gerne länger geblieben und ich hoffe, noch einmal dorthin reisen zu können.

MADRID:
Gehen Sie zum Essen ins Ana la Santa, ins La Cocina de San Antón (oberhalb des Mercado de San Antón), ins La Galería im Retiro-Park, und nehmen Sie einen Drink auf der Dachterrasse des Círculo de Bellas Artes. An einem Abend machten wir einen vergnüglichen Zug durch die Tapas-Bars des Barrio de la Latina in der Nähe der Calle Cava Baja. Von den vielen Märkten hat mir besonders der Mercado de San Miguel gefallen, wo es auch großartige Drinks und Häppchen gab (Seite 128).

FRANKREICH

In Frankreich nahmen wir in Antibes Quartier und unternahmen von dort aus Tagesausflüge nach Nizza, Cannes, Èze, Boit und Saint-Paul-de-Vence.

ANTIBES:
Das Picasso-Museum ist unbedingt einen Besuch wert. Für Cocktails und Toasts empfehlen wir das Pablo. Wenn Sie draußen etwas trinken möchten, gehen Sie am besten ins Café Clemenceau, und auf dem Markt sollten Sie unbedingt die Socca probieren (Seite 162).

NIZZA:
Im Le Galet am Strand kann man ausgezeichnet essen. Wenn Sie ins Matisse-Museum gehen, sollten Sie sich unbedingt auch das alte Karussell im angrenzenden Olivenhain ansehen.

SAINT-PAUL-DE-VENCE:
Gehen Sie zum Mittagessen ins Le Tilleul (Seite 163). Lohnenswert ist ein Besuch im Museum Fondation Maeght mit dem Skulpturengarten.

ÈZE:
Sehen Sie sich den Jardin exotique an, einen herrlichen Kakteengarten über dem Meer. Zum Essen empfehlen wir Ihnen das Deli, wo man auch vorzügliches Olivenöl kaufen kann.

ITALIEN

In Italien haben wir Ligurien (Genua und die Cinque Terre) und Sizilien bereist. Von Monterosso al Mare aus unternahmen wir Ausflüge in die benachbarten Städte. Auf Sizilien flogen wir von Palermo nach Catania. Mit dem Auto erkundeten wir die Region Zafferana Etnea, Santa Maria La Scala (Seite 212), Castelbuono (Seite 176), Taormina (Seite 182), Cefalù (Seite 219) und die kleine Küstenstadt Mondello.

GENUA:
Zum Essen empfehlen wir Ihnen das Il Genovese (bestellen Sie die Trofie al pesto) und zum Dessert holen Sie sich etwas aus der Pasticceria Tagliafico. Unsere Kinder hat vor allem das Aquarium begeistert.

CINQUE TERRE:
Gehen Sie zum Essen ins Ristorante Ciak (die selbst gemachten Gnocchi sind sehr zu empfehlen) und ins Torre Aurora in Monterosso al Mare. In Manarola sollten Sie bei Sonnenuntergang unbedingt auf einen Spritz oder zum Essen im Nessun Dorma einkehren. Lohnenswert ist der Pasta-Kurs bei Luca im A Piè de Campu. Wir haben außerdem an einer fantastischen Führung durch die Weinberge oberhalb von Manarola (Seite 49) teilgenommen. Und dann sollten Sie mit der Fähre noch einen Abstecher in das idyllische Städtchen Portovenere machen.

CEFALÙ:
Gehen Sie zum Essen ins Ristorante Galleria oder ins Il Covo del Pirata (suchen Sie sich einen Tisch mit Blick auf das Meer).

CASTELBUONO:
Zum Essen empfehlen wir Ihnen den Agriturismo Bergi, und natürlich sollten Sie sich unbedingt auch das Kastell ansehen.

DER ÄTNA:
Versäumen Sie nicht, mit der Seilbahn zum Gipfel zu fahren - ein einmaliges Erlebnis! Und auf der Fahrt dorthin sollten Sie in Oro d'Etna für eine Honigverkostung haltmachen.

TAORMINA:
Für uns gab es nichts Schöneres, als mit einem Eis in der Hand über den Corso Umberto zu schlendern und danach das Teatro Greco, das antike Theater von Taormina, zu besichtigen.

PORTUGAL

Von Lissabon aus, wo wir Quartier bezogen hatten, unternahmen wir einen Tagesausflug mit der Bahn nach Sintra. Mit einem Mietwagen fuhren wir in den Süden des Landes an die Algarve, wo wir jeweils eine Woche in Lagos und Praia da Luz verbrachten und uns verschiedene benachbarte Städte ansahen.

LISSABON:
In besonderer Erinnerung ist mir ein Mittagessen im Topo Belém im Kulturzentrum des Viertels geblieben, und gut gefallen hat mir das traditionelle Ambiente im Restaurante Bota Alta. Sehr zu empfehlen ist das traditionelle Blätterteiggebäck mit Puddingfüllung (Pastel de Nata) von Pastéis de Belém oder Manteigaria. Mit großem Vergnügen sind wir durch die LX Factory gebummelt, ein ehemaliges Fabrikgelände, auf dem sich jetzt Geschäfte und Restaurants befinden (gehen Sie zum Essen ins A Praça). Schön fand ich auch die Livraria Bertrand (im Chiado-Viertel), die älteste Buchhandlung der Welt. Unbedingt sehenswert ist außerdem das Nationale Keramikmuseum, dem ein hübsches Café angeschlossen ist, in dem man ebenfalls sehr gut essen kann.

SINTRA:
Um uns alles anzusehen, was die kleine Stadt zu bieten hat, hätten wir mehr als einen Tag gebraucht. Besondere Highlights waren für uns ein Spaziergang durch die maurische Festung Castelo dos Mouros (Seite 24) und die Küche mit dem vielen Kupfergeschirr im Palácio Nacional da Pena.

DIE ALGARVE:
Sagres, Salema, Tavira, Aljezur, Lagos und Praia da Luz - mit dem Auto sind wir jeden Tag in eine andere Stadt gefahren. Zum Essen würde ich Ihnen, auch wegen seines besonderen Ambientes, das Casa Chico Zé in Faro (dem ein kleiner landwirtschaftlicher Betrieb angeschlossen ist) und das auf einer Klippe über dem Meer gelegene Restaurante O Camilo in Lagos empfehlen. Und versäumen Sie nicht, eine Bootsfahrt zu den Grotten unweit von Lagos zu machen. Sehr interessant fand ich auch eine Olivenölverkostung auf der Monterosa-Olivenöl-Farm in Moncarapacho (Seite 114).

Weitere Tipps und Links finden Sie unter www.theforestfeast.com/travel.

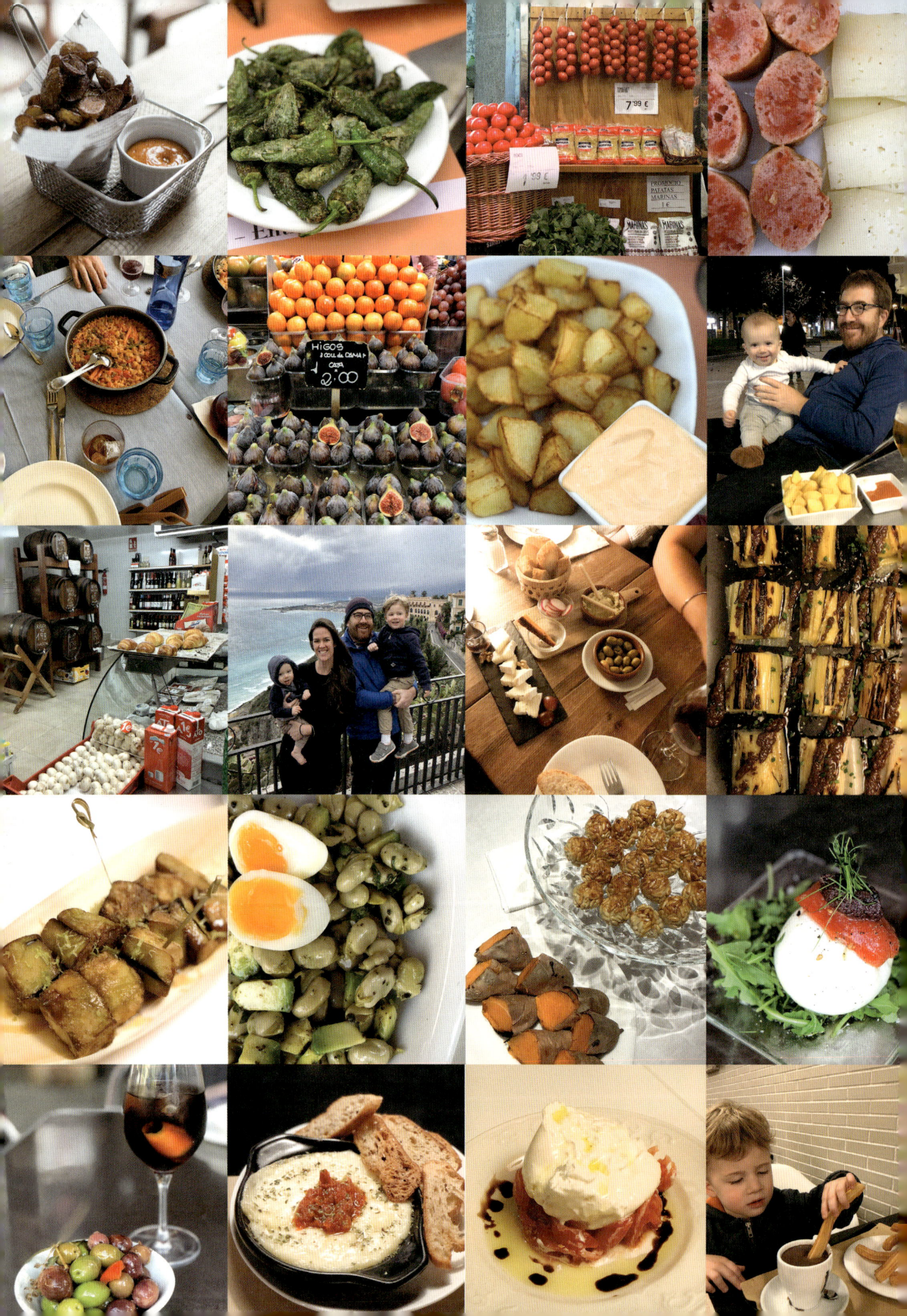

Sizilien, Italien

DANK

Zuallererst möchte ich meinem Mann Jonathan danken, für den es kein Problem war, drei Monate lang mit einem Baby und einem Kleinkind auf Reisen zu gehen. Deine Abenteuerlust, deine unermüdliche Unterstützung und deine Qualitäten als Reiseführer haben diese Reise zu einem Vergnügen gemacht und uns allen vieles erleichtert. Danke, dass du alle Flüge gebucht, dich über jedes unserer Reiseziele informiert und unsere Tage geplant hast - und dass du immer angehalten hast, wenn ich ein Foto machen wollte, dass du den Kinderwagen immer geschoben und das Baby in den Schlaf gewiegt hast, damit ich meinen Rosé am Strand genießen konnte. Mit dir würde ich überall hingehen!

Ich danke meiner liebenswürdigen, kompetenten Lektorin Laura. Danke, dass du es mir gestattet hast, meiner Neigung, in Farben zu schwelgen, freien Lauf zu lassen, und dass du mir dann geholfen hast, mich zu bremsen. Deine Ideen und deine Anleitung waren mir eine unendlich große Hilfe und ich bin überglücklich über die Zusammenarbeit mit dir.

Ich danke allen Mitarbeitern des Abrams-Verlags, die sich so für mein Projekt begeistert und mir bei der Realisierung geholfen haben. Danke, John Gall, Deb Wood, Connor Leonard, Denise LaCongo, Jordan Jacobson und Mamie VanLangen. Danke, Liam Flanagan, für das gelungene Layout und für den letzten Schliff.

Ein herzliches Dankeschön an meine wunderbare Agentin Alison. Dass ich dich als meine Literaturagentin ausgewählt habe, war eine der besten Entscheidungen, die ich je getroffen habe!

Danke an all meine Freunde und meine Familie, die während unserer Europareise an verschiedenen Orten zu uns gestoßen sind. Wendy, Jim, Maddy, Arielle, Ethan, Caleb, Nicole, Mom, Dad, Ry, Andy, Meckenzie und Ellie - das Reisen mit euch hat so viel Spaß gemacht.

Ich danke meiner lieben Freundin Jodie, die mir beim Umschlagfoto wertvolle Hilfe geleistet hat. Grazie!

Dank an Kayoko und Yoko von Umami Mart, die mich in die Kunst des Cocktailmixens eingewiesen und mir die hübschen Cocktailgläser auf Seite 51, 53 und 61 zur Verfügung gestellt haben. Dank an Sheba Solomon, die mir die vielen schönen Keramiken aus ihrer Sammlung geliehen hat (Seite 81, 87, 107, 135, 189, 191, 199 und 223), und an Cara Janelle, die Töpferin aus Barcelona, auf deren Geschirr ich meine Speisen so gerne fotografiert habe (Seite 37, 125 und 197).

Danke Ricky und Mónica von Delicious & Sons, dass ihr uns euer Haus geöffnet und uns mit der spanischen Küche vertraut gemacht habt.

Danke an mein verlässliches Team von Freunden und Familienmitgliedern, die meine Rezepte überall auf der Welt - von Kalifornien bis Tansania - in ihren Küchen ausprobiert haben. Vielen Dank an Negar Katirai, Robert und Jenna Wachtel Pronovost, Margaret Jacobs, Anya und Ted Glenn, Dana Hartman, Jodie Porges, Martha Bixby, Laura Keller, Stacy Mason, Eliza Shah, Wendy Bloch, Jim Prosnit, Ted De Barbieri, Lauren Michele, Arielle Traub, Kate und Brandon Taylor, Bridget Schum, Kathleen Taylor, Tara Fogel, Dana Solomon, Dara Silverstein, Erin und Michael Wakshlag, Mary Hewlett, Jenna Weinberg, Micaela Hellman-Tincher, Maryguilia Capobianco, Shannon Gleeson, Jenna Sanders, Maddy Bloch und an das Team Yang.

Ohne die Liebe und Unterstützung meiner Eltern und meines Bruders Ry hätte ich dieses Buch nicht machen können. Danke, dass ihr euch so liebevoll um unsere Kinder gekümmert habt, während ich diese Seiten gestaltet habe.

Danken möchte ich auch meinen Lesern, die mir auf dieser Reise gefolgt sind. Danke für Ihren freundlichen Zuspruch und danke, dass Sie meine Rezepte nachkochen und mit anderen teilen. Ihnen verdanke ich es, dass ich weiterhin Kochbücher schreiben kann, und darüber bin ich unendlich glücklich.

Cinque Terre, Italien

REGISTER

Kursive Seitenzahlen verweisen auf Bilder.

Cinque Terre, Italien
Rechts: die Algarve, Portugal

Vernazza, Italien